ものが語る歴史　27
ガラスが語る古代東アジア

小寺智津子

同成社

はじめに

　ガラスが作り出されたのは約5千年前の西アジアである。地中海沿岸で産み出された美しい珠や器は人々に愛され、交易の品となり、東方へともたらされた。またガラスを製作する技術も西方から東方へと伝播した。ユーラシア大陸の東西は昔からさまざまな交渉を行っており、素材や製品、そして概念が相互に伝播している。ガラス製品はその中でも、製品の直接的な伝播と、そして製作のアイディアの伝播という二つの方向がみられる興味深い遺物である。

　遥か西方からガラスが多数もたらされる時は、いずれの時期も、ユーラシア全土に影響を及ぼすような、人々の活動がその背景にあった。ガラス製品とその動きは、このユーラシアの人々の活動を示す重要な証拠である。

　中国では紀元前1千年期に西アジア産のガラス製品が現れ、その影響のもと独自の原料配合によるガラス製品が産み出される。その後、中国では独自のガラス製品の生産が展開する一方で、西方のガラスが継続してもたらされることとなった。

　東アジアでは、中国を中心にガラス製品の動きが展開する。西方産も中国産も、中国の各王朝の活動を要として、朝鮮半島や日本にもたらされた。ここでもガラスは、東アジア各地と当時の中国との関係を示す重要な遺物である。

　古代のガラスに対して、このようなユーラシアの東西の関係や、中国王朝とアジアの各地域の関係、といった方面の分析はこれまでなされているが、一方で、それらガラス製品は多くは装飾品や宝器としてのみ捉えられ、それ以上の社会的意味を考慮されない。しかし、古代においてガラス製品は政治的・呪術的な意味合いを付与されることが多いのである。

　例えば、ガラス製品が当時の社会において入手が困難な場合、それを保持すること自体が他者との威信の差の明示になり得る、という意義があった。さら

にその製作技術がなく、外部の先進的な社会との貢賜関係などによってもたらされる場合、その外部社会との関係を象徴する財ともなった。その入手を図るという動きが、社会に影響を与えるほどの場合もあっただろう。さらに副葬が盛んに行われていた古代においては、ガラス製品は葬送儀礼の中で、呪術的な意味合いを付与されて使われていたことを示す出土状況もある。

このように、古代におけるガラス製品とその様相は、その使用した社会の一側面をも明確に示すものでもある。

本書は、当時のガラス製品の全種類や、出土した遺物を総覧的に網羅し、解説するものではない。むしろ当時の時代背景や社会の動きと関係が深い遺物、社会に影響を及ぼしたと考えられる遺物に焦点をあてて、取り上げていく。ガラスの伝来の中心地であり、またその社会がアジア各地へ大きな影響をおよぼした点を鑑み、中国の歴史の変遷に沿って論を進める。また出土した考古学的資料から読み解くため、文献が多くなる時期、すなわち東アジア全体が歴史時代に突入する7世紀、中国の隋唐王朝以前までを中心に取り上げる。隋唐王朝とその併行する時期については、簡単にふれることとする。

目　次

はじめに

序　章　ガラスの特性と西方における発展 …………………… 3
1. ガラスの特性　3
2. ガラスの発明と西方における発展　6

第 1 章　東アジアへのガラスの伝来と発展 …………………… 17
1. 蜻蛉珠の東アジアへの伝来とその展開　17
   （1）蜻蛉珠、アジアへ　18
   （2）中国における蜻蛉珠の製作　25
   （3）蜻蛉珠の象嵌とその背景　34
2. 中国における独自のガラス製品の製作とその展開　39
   （1）玉製品を祖型とするガラス製品　39
   （2）倣玉問題――ガラス璧製作の社会的背景――　45

第 2 章　漢代中国のガラス製品と社会 …………………… 51
1. 葬玉・装飾品・窓　52
   （1）ガラス製葬玉の展開　52
   （2）ガラス製装飾品　64
   （3）ガラス窓の出現――ガラス板の利用――　67
2. ガラス器　69
   （1）鉛バリウムガラス製の器　70
   （2）カリガラス製の器と両広地区　72
   （3）後漢にみられる西方製ガラス器　83

第3章　漢帝国の広がりとガラス製品　　87

　1.　シルクロードの開通とガラス器　87

　2.　漢代併行期のアジア各地にみるガラスと社会　99

　　　（1）弥生時代のガラスと社会　99

　　　（2）朝鮮半島のガラス　114

　　　（3）ガラス小珠の広がりとアジア各地の交流　118

第4章　激動の東アジアとガラス　　125

　1.　魏晋南北朝のガラスと社会　125

　　　（1）伝来ガラス器の様相と門閥貴族社会　126

　　　（2）南北朝と陸上・海上シルクロードの発展　137

　　　（3）国産吹きガラス器の出現　145

　2.　朝鮮三国時代とガラス器　148

　3.　倭国と伝来ガラス製品　158

　　　（1）ガラス器と蜻蛉珠の様相　159

　　　（2）ガラスにみる倭国の国際交流　166

第5章　ガラスにみるシルクロードの爛熟と
　　　　仏教の隆盛　　173

　1.　シルクロードの爛熟と伝来ガラス器　174

　2.　中国における国産鉛ガラス器の製作　178

　3.　ガラスと仏教　180

　4.　日本の律令国家とガラス生産　184

参考文献　191

図版出典一覧　211

おわりに　215

ガラスが語る古代東アジア

序章　ガラスの特性と西方における発展

1. ガラスの特性

　ガラスが古代においてさまざまな価値をもつことになった理由のひとつには、ガラスが他の物質にはない独特の特性をもつ物質であったことがあげられる。また現代の我々が古代のガラスの様相を研究するにあたり、その物質的組成の特徴が大きく寄与している。最初にガラスの特性について述べたい。

ガラスとは何か
　ガラスは古代において人間が発明した人工的な素材のひとつである（黒曜石などは天然のガラスである）。しかし同様に人工的な素材である金属と、その物質的特徴が大きく異なるものである。
　ガラスは無機質で等質の非結晶状態の物質であり、「ガラスは液体である」ともいわれる。通常ガラスは結晶化しておらず、原子の配列はばらばらで不規則な状態にあり、金属や鉱物（結晶質であるため、原子配列が規則的）のように、明確な融点や凝固点をもたない。しかし低温において粘性が極端に大きいため、非結晶質であるにもかかわらず、固体のような性質を示しているのである。すなわち、通常の大気の中では、粘性により動かない液体として存在しているのである。また結晶化していないため、衝撃で壊れやすい物質である。
　ガラスの主成分は珪酸（SiO_2）であるが、古代においてはこれを溶融するほどの高い温度は作り出すことができないため、アルカリや鉛などの溶融剤を加えて融点を下げる技術が開発された。この主要混合物に、着色や消色のため、

あるいは不透明ガラスを作るために化合物（金属酸化物）を加え、ガラスが作られる。

古代におけるガラスはその成分から、ソーダやカリウムを含むアルカリ系ガラスと、鉛を含む鉛系ガラスに分けることができる。最初にガラスが誕生した西アジアでは、珪酸にアルカリ成分である天然ナトロン（天然ソーダ）や植物灰と安定剤としての石灰を加えた、ソーダ石灰ガラスが生まれた。この後、古代の西アジアや地中海地域では、主にアルカリ珪酸塩ガラスが作られることとなる。一方、ガラスが伝来した古代の東アジアでは原料の調合を独自に生み出しており、鉛を溶融剤として使用した鉛珪酸塩ガラスが作られることとなる。

このような原料からガラスを製造するためには約 1200 度～1500 度の高温が必要だが、一度ガラスになると、約 800 度程度の温度で再加工できるほど軟らかくなる（この温度はガラスの組成によっても異なる）。この加える温度により軟化の程度が異なり、ただ軟らかい状態から液体状態まで変化するため、その温度段階にあわせてさまざまな加工を施すことができる。一方、金属は融点を境に液体となり、ガラスのような加工はできない。これがガラスと金属の加工の大きく異なる点である。また製作したガラスを冷やす徐冷がガラス製作では大きな要素であり、この点も金属加工と異なっている。

約 800 度以上で再加工が可能である、という点は重要である。すなわちガラスを原料から製造するには鉄を扱う技術と同レベルの温度管理能力が必要だが、ガラスの再加工には青銅を扱う技術で十分であった。このためガラスを原料から作り出す技術をもたない地域でも、入手したガラスを素材として、たとえば砕いて型に詰めて加熱するといった、再加工により独自の品物を製作することが可能であった。また分業的にガラス素材の製作は行わず、ガラス素材を購入して、再加工により製品を作る地域もあった。この再加工がより容易であるというガラスの特性は、古代においてガラスが各地で重要な製品となった大きな要素であるといえよう。

ガラスの科学的研究と古代ガラスの組成

　古代において主要なガラスはアルカリ珪酸塩ガラスと鉛珪酸塩ガラスの二系統に大きく分けられる。アルカリ珪酸塩ガラスはソーダ石灰ガラスやカリガラスなどがあり、鉛珪酸塩ガラスには、鉛バリウムガラスや鉛ガラスなどがある。

　ガラスを作るための原料は、どこにでもあるありふれたものだが、その原料配合は各地によって異なる。古代においては、西方で作られたソーダ石灰ガラスはナトリウム（Na）やカルシウム（Ca）を多く含み、一方東方で作られた鉛バリウムガラスは鉛（Pb）を多く含む。そのため、化学組成を分析することによりその製作された地域を知ることができる。また鉛同位体比を分析することにより、使用した鉛がどの地域から産出したかを知ることができ、ガラスの製作された地域を推定する助けとなっている（ただし原料は遠隔地から入手することもあるため、注意が必要である）。

　しかしガラスの成分分析とその検討については、さまざまな困難や問題を含んでいる。ガラスが風化している場合は本来の値を示さないため、分析位置は非常に重要な問題である。また表面だけでなく、製品全体が風化している場合もあることは留意しなければいけない。たとえば風化によりカリウムやナトリウムが減少し、またカルシウムやマグネシウムも減少する。相対的に残った組成成分の成分比は上昇するといった現象がおきるのである（黒川高明 2009）。直接土壌に接していたものは、風化の度合いも強くなるため、どのような状態で出土した珠なのかは重要な情報である。特に90年代以前の古い分析では、風化層を分析したものも多いため、その分析値からガラスの製作地を判断することには注意が必要である。

　一方、その分析機械の特徴により、特に微量成分の値については差が生じる可能性がある。このため、異なる機械で分析したガラスの分析値の微量成分を一律に比較検討するという手法には問題が生じる。ガラス中の微量成分の比較により、産地を同定しようという分析を試みる論考もあるが、このように注意

が必要である。

　もうひとつ注意するべき点はガラスの可塑性である。ガラスは再加工が容易な物質であるため、古代では入手したガラスを再加工し新たな製品を生み出すという作業が各地で行われていた。化学分析はそのガラス製品が作られた場所ではなく、そのガラスが原料からガラスへと製作された場所を示すものであるという点には注意しなければならない。

2. ガラスの発明と西方における発展

ガラスの起源

　ガラスの起源で引き合いに出されるのは、帝政ローマのプリニウス（23-79）が記した「博物誌」（第36巻65章）の一説である。それには「シリアのフェニキアの浜で天然ソーダを商う商人たちが炊事のため炉を作ろうとして、適当な石がなかったため積荷の天然ソーダの塊を用いたところ、ソーダの塊が熱せられその浜の砂と十分に混ったとき、半透明の液が流れでた。これがガラスの起源だという」と述べられている。もちろんガラスの本当の起源は異なるが、実際この伝説の記述内容に従っても、ガラスができる可能性があることが実証されている。

　実際のガラスの始まりは、おそらく釉薬と切り離せないものであろう。釉薬とは陶器の表面に施されている光沢のある皮膜であり、釉薬の基本的な成分はガラスとほぼ同質である。古代では、核となる物質に釉薬を施し、ガラス質の皮膜に覆われた製品を製作していた。古代西アジアにおいて釉を使用した製品として、石に施釉した施釉石、粉末状の石英を核に釉を加えて焼成したファイアンス、陶器に釉を施した施釉陶器などがみられる。

　古代で最も一般的に施釉されてきたものは石であり、凍石・石英・水晶・紅玉髄・瑪瑙・長石などに施釉されてきた。最も古い遺物は、メソポタミアから

出土した施釉凍石の白色の珠で、ウバイドⅢ期（前41世紀前後）に属するとされている。メソポタミアではこれ以後、施釉石は継続して出土している。エジプトではバダリ期（前41世紀）の施釉凍石や、アムラー期（前38世紀前後）の石英製鷹型飾りが最古の遺物として知られているが、その後先史時代の確実な出土例に乏しく、前20世紀まで出現していない（谷一 1999）。

　これらの施釉石とほとんど併行して出現したのがファイアンスである。ここでいうファイアンスとは、粉末状にした石英の核に少量のアルカリの釉薬と加えて焼成させたものである。西アジアで最初に出現し、エジプトへと伝播したと考えられている。ウバイドⅢ期（前41世紀前後）のメソポタミアの遺物が初現（谷一 1999）で、珠や護符といった小さいものから、容器や建築装飾品などにも使用されるようになった。色調も初期のファイアンスでは青・緑・青緑色といった青・緑系統の色だけであったのが、しだいにさまざまな発色が可能となり、紫・白・黄色・黒・赤などが製作されるようになった。しかし各時代を通じて、青・緑系統の色調が最も一般的であった。

　施釉石、ファイアンスの発展からみても、西アジアがガラス質の物質の発展をリードしてきたことがわかる。このような釉製品の生産に伴い、偶発的にできた不完全ガラスは、紀元前3千年紀前半のメソポタミアやエジプトでみられる。さらに紀元前3千年紀後半になると、適正な割合で原料を調合し、意図的に生産されたガラスが出現する。メソポタミアで紀元前25世紀にみられる珠がその初現であると考えられている。その後ガラスの生産は広まり、メソポタミアからエジプト・ミタンニ・イラン・アナトリア・エーゲ海域などで、珠（ビーズ）・ガラス棒片・護符・円筒印章等が現れるようになる。これらはいずれも小さな製品であった（図1）。しかしガラスが作られるようになって1000年ほど経た紀元前16世紀頃になると、コア技法によるガラス容器（コアガラス）が作られるようになる（図2）。あらかじめ耐火粘土などで作られたコア（芯）に、ガラス紐を巻きつけて製作するこの技法は、現在は西アジアで出現したと考えられており、世界で初めて作られたガラスによる器である。その

図1 方形ビーズ 北メソポタミア
（前16～前13世紀）

図3 蜻蛉珠 エジプト（前14世紀）

図2 コアガラス容器 エジプト
（前14世紀）

図4 蜻蛉珠 エジプト
（前6～前4世紀）

後、特に新王国時代のエジプトにおいては、コアガラス技法により多数の優品が製作された。

　紀元前 1200 年頃から紀元前 1000 年頃は東地中海全体が暗黒時代と呼ばれる時期であり、ガラス生産も途絶えていたが、紀元前 10 世紀頃になるとメソポタミアやシリアでガラスの生産が回復し、再びコア技法でボトルが作られるようになる。また紀元前 15 世紀頃のエジプト王国に先行形態があった重圏円文の蜻蛉珠（図 3）は、特に紀元前 7 世紀以降非常に多く製作されるようになり、その文様も重圏円文だけでなく人面文やモザイク文など多彩となる（図 4）。トンボ珠はフェニキア・エジプト・メソポタミア・シリアなどで製作されていたが、各地で好まれ盛んに輸出された。後述するように中国を含め、ユーラシア大陸の全域から出土している。

　紀元前 5 世紀以降、アケメネス朝ペルシアでガラス工業が発達し、多数のガラス器や蜻蛉珠が作られている。ガラス器は無色や緑がかったもので、垂下技法・鋳造技法・型押し技法などさまざまな製作技法で作られており、型やカットによる装飾がなされていた。さらにヘレニズム期には、ガラス器は地中海地域一円に広く流布し、食事用・飲用に用いられる多彩な器が盛んに製造されることとなった。これらのガラス器は型押し技法・鋳造技法・垂下技法などで作られており、無色・単色透明なガラスを用いるもの、モザイク片や多数のガラス棒を使いマーブル文やモザイク文様を出した装飾性が高いもの、など多彩であった。これらのガラス器もまたユーラシア大陸の広い範囲から出土しており、非常に好まれた製品であったことがうかがえる。

　そしてローマ時代、おそらく紀元前 1 世紀中頃にガラスの大革命が起こった。すなわち吹きガラス技法の出現である。この多量にガラス器を製作できる技法により、それまで高価であったガラスはごく普遍的な日用品となった。ストラボンの「地理誌」第 16 巻第 2 章では「（吹きガラスの発明が行われた結果）ローマでもガラスの小ぶりの鉢や酒盃なら銅貨一枚で買い求めることができる」と述べられているほどである。大量生産できるようになったガラス器

は、この時期以後、さらに重要な貿易品となっていくのである。しかし、一方でカットや装飾などに非常に手間をかけた高級品も存在し、それらもまた輸出されていた。

東方のガラスについて考察するうえで、特にローマンガラスと続くササンガラス、イスラムガラスは非常に重要なガラス器である。個別に説明したい。

ローマンガラス

ローマ時代にローマ帝国領内で作られたガラスをローマンガラスという。より厳密には、ローマが帝政となった前27年からローマ帝国が東西に分裂した395年前までの間に、ローマ帝国領内で作られたガラスがローマンガラスと定義づけられており、その後西ローマ帝国が滅亡する476年まで東西ローマ帝国領内で作られたガラスを「後期ローマンガラス」として区分し、それ以降東ローマ帝国内で作られたガラスを「ビザンティンガラス」として区分する。

紀元前1世紀中頃に吹きガラス技法が発見されたものの、初期のローマンガラスに吹きガラスはあまりなく、鋳造・型押し・垂下技法などによる製品が中心であった（図5）。紀元1世紀中頃になると吹きガラスによる製品が中心的になり、宙吹きや型吹きによりさまざまな形態のガラス器が作られ、大量生産化と価格の低廉化によりガラス製品がきわめて重要な貿易商品となった。またそれら吹きガラス製品に、エナメル彩色、カット、グラヴィール、カメオ加工などで装飾を施した、より手間をかけた高級品も生み出された（図6）。

ガラスの製作はアレクサンドリア・シリア・イタリアなど地中海域だけでなく、ラインラント地方やブリテン島などローマ領内各地で作られた。特にドイツのケルン地方は一大産地として盛んに活動していた。

帝政ローマは2世紀まで繁栄を誇ったが、3世紀には政治的経済的に混乱期を迎えた。しかしこの時期もガラス器は途切れることなく製作されていたようである。工人の移動も盛んに行われていたため、各製作地のガラス器は3世紀までは特に斉一性が高く、地中海域のものと変わらない類似の製品を製作して

序章　ガラスの特性と西方における発展　11

図5 ローマンガラス マーブル文リブ碗
　　　地中海域出土（前1〜後1世紀）

図6 ローマンガラス　紐飾り装飾瓶
　　　ベグラム出土（1〜3世紀）

いた。しかしその後徐々に地方色が豊かになり、特にローマ帝国が395年に東西に分裂した後は、生産地の統一性もとれなくなり、各地の民族性や嗜好性、そして貿易相手の需要を取り込む独自の製品が作られるようになる。このため、395年以降のものは後期ローマンガラス器として区別されているのである

　このようなローマンガラスはローマ帝国領内各地に流通しただけでなく、貿易の主力商品としてユーラシア大陸全土へと運ばれていった。黒海周辺やシベリア、ドナウ川流域、中部ヨーロッパやスカンディナビア、アフガニスタン、そして中国から多数出土しており、その繁盛のほどがうかがえる。

　その輸出内容は、時には各地の文化や民族性に合わせたものであったようだ。クシャン朝の夏の都であったアフガニスタンのベグラム遺跡から出土した、1〜3世紀頃の大量のローマンガラスや、スカンディナビアの墓から出土した、1〜4世紀頃のローマンガラスは、特注品と考えられる製品を含む非常

に高級なガラス器が出土しており、輸出元の商人が、この地に送る製品に念入りに選択していたことがうかがえる。一方でスカンディナビアまでのヨーロッパ各国では多数のガラス器が出土しているが、一般的なガラス器である。また黒海周辺やシベリアでは数百件のローマンガラスが出土しているが、こちらも一般的なものである。いずれもローマンガラスを輸入していたが、日常的に流通していたことをうかがわせるものである。

ササンガラス

ササンガラスはササン朝ペルシア（224～642年）で作られたガラスを指す。作例から前・中・後期に分けられており、前期が3世紀、中期が4～5世紀、後期が6世紀を中心に作られたものである。アルカリ石灰ガラスで、色調は淡黄褐色・淡青緑色を帯びるか無色、透明で、型吹きまたは宙吹きによって器を製作した後、カット装飾を施している。

前期は吹きガラスによる薄手の切子括り碗が代表例としてあげられる。一般的に受け竿（ポンテ）を使わないのが特徴で、そのため口縁部が切り離されたままか、徐冷後研磨されているかのいずれかとなっている。胴部には円形や楕円形の浅い切子が施されている。基本的にはローマの吹きガラスの成形・整形・施文技法を用いたもので、ローマンガラスとの区別がつきづらい。由水はこのタイプのものを、カラニスなどエジプト北岸の製作地で作られた2～4世紀頃のローマンガラスであるとしている（由水 1992c）。しかしその組成には違いがみられる。すなわち東地中海やケルン産の典型的なローマンガラスは、同じアルカリ石灰ガラス製でも、カリウムとマグネシウムの含有量は1%未満と少ないのが特徴であり、一方これらササンガラスは両者の値が3～5%前後のものが多い。この点が、ササン独自のガラス成分で、ローマンガラスと明確に異なるとする論拠であり、谷一はローマの吹きガラスの成形・カット技法を用いて、ササン領内で作られたササンガラスとしている（谷一 2000b）。イランやイラクなどササン朝ペルシア領内の遺跡から多数出土しており、東アジア

で出土した例として、中国西晋の湖北鄂城五里墩121号墓（湖北鄂城M4021墓）出土括り碗、日本の新沢千塚126号墳出土括り碗がある（図83・84）。

中期4〜5世紀の作例はササン本土での確実な出土例はなく、交易により搬入された各地での出土例がみられる。中国では山西大同北魏墓出土の切子厚手括り碗が、中期の例と考えられている（図7）。

図7 ササンガラス 切子碗 中国山西大同北魏墓出土（5世紀）

ササンガラスとして一般に知られているものは、後期の6世紀を中心としたものであろう。型吹きまたは宙吹きによって器を製作し、その後カットを施している。カットは円文、浮出円文、二重円文が主なものである（図8）。形態は碗が大半を占め、皿型もみられる。上部がやや開いた碗型や杯

図8 ササンガラス 浮出円文切子碗 中国寧夏固原李賢夫婦墓出土（6世紀）

型もみられるが、最も典型的な形態は半円球形の碗である。すべて器壁が厚手である点が特徴的となっている。また後期でも後半になると円環文装飾を溶着したものが出現し、ササン朝が滅んだ7世紀末まで続く。イラクのキッシュでは、5〜6世紀のガラス工場の窯跡が発掘されている。ここでは、ササングラスとして各地で出土している、円文カットグラス器の種類がほとんど網羅されている（Langdon & Harden 1934）。

226年にパルティア王国を滅ぼしたササン朝ペルシアは、西アジアを押さえ、パルティアと同様に中継貿易の利を得るようになった。さらに中継貿易だけでなく、自国で生産した金銀製品や染織品、そしてガラスといった工芸品を東西に輸出し、それにより経済的利益をあげていた。それら工芸品は規格性が高くかつ高品質であり、中央が管理する生産体制をとっていたのではないかと指摘されている。ガラス製品もその範疇に含まれる。ササン朝の交易ルートは内陸部が中心であった。当初はローマンガラスにならって薄かったササンガラスの器壁が、厚手にかわったのは、このような陸路の長距離交易に適するように変化させたためではないだろうか。

　ササン朝のガラス器は中心地であったイラク・イランをはじめ、ユーラシア全土といっていいほど広く出土しており、さらに東は中国・朝鮮半島・日本へと伝わっている。その貿易圏の広さに驚かされるが、さらに形態・デザイン・サイズともに小数に限定されており、品質にばらつきがない点にも驚かされる。工芸品としての安定した質の高さを生み出し、カットという普遍的なデザインでもって飾る、さらに種類を少なくして大量に生産する、これこそがササンガラス器が当時ユーラシアで広く人気を博した秘密であろう。

　その後、ササン朝は641年に新興アラブに敗れて終焉を迎えた。ササンガラスの伝統は、初期イスラムガラスへと引き継がれていくこととなる。

イスラムガラス

　7世紀にイスラム教が成立すると、この宗教を奉じるアラブが中近東一帯の広大な地域を支配するようになった。イスラムガラスとは、イスラム教徒のガラスという意味ではなく、その領内で作られていたガラス全般を指す。領内にはペルシアの伝統文化とローマ・ビザンツの伝統文化が存在しており、ガラスもまたローマンガラスとササンガラスの二系統の技術伝統を継承し、発展させている。

　7～8世紀の初期イスラムガラスは前代の技術伝統を継承している。イラク・

序章　ガラスの特性と西方における発展　15

図 10　イスラムガラス　ラスター装飾皿　中国陝西扶風法門寺地下営出土（9 世紀）

図 9　イスラムガラス　浮出円文球形長首瓶　イラク出土（7〜8 世紀）

　イラン地域ではササンガラスの延長上にあり、この地域の初期イスラムガラスは、ポスト・ササン様式と呼ばれる（図 9）。一方エジプト・シリア地域では化学成分や整形技法などにローマンガラスの技術が色濃く残っている。

　9 世紀頃になると、各地域のイスラム化が進行し、またイスラム世界の中での交流が進んでいった。このため文化の均一化、様式化が進み、ガラス器もまた様式に統一性があらわれるようになり、イラク・イラン・シリア・エジプトなど中近東各地で、同じ様式の製品が使用されるようになった。この頃のガラス器では、生活へ浸透したために実用的なガラス器の量産化が進んだ。その一方で、ラスター装飾・カット装飾・型装飾など、多彩な装飾技法により表面を飾ったガラス器も多数生み出されている（図 10）。イスラム教徒は活発な交易活動でも知られており、これらガラス器は実用品・高級品ともに、イスラム地域だけでなく、東アフリカや東南アジア、東アジアなど、広く彼らが足跡を残

した地域全般から出土している。その後 13 世紀になると、イスラム的ともいえる独自のスタイルを生み出すこととなる。

このように、ローマンガラス・ササンガラス・イスラムガラスは、交易品として非常に好まれ、ユーラシア各地から出土している。そして遠く中国や朝鮮、日本まで到達することとなったのである。

コラム　中国のファイアンス珠

　中国でもガラスが出現するより早く、ファイアンス製の珠が出現する。陝西省と河南省の西周期の墳墓から出土しており、前 11～前 8 世紀頃のものである。

　これらは中央に凸部や瘤のある珠・管珠などで、淡青色や淡緑色を呈している。宝鶏西周強国墓の強伯格夫妻墓（前 10 世紀）からは 1000 点以上が出土しており、分析より 90％以上が石英で、石英の粉を珠状に造形して加熱したものと考えられる。鉛同位体の分析によると中国産の鉛を使用しており、中国製であったと考えられる（后徳俊 2005）。しかしこれらのファイアンス珠はソーダ石灰を助融剤としたもので、西方のファイアンスやガラス成分に近く、西方からの影響を指摘する論もある（谷一 1999）。

　これがその後のガラスの製作につながったのだろうか。ファイアンス珠は多くはないが、その後春秋戦国時代も作られている。河南淅川下寺楚墓の春秋中晩期の墓からも多数のファイアンス珠が出土した。菱形や稜のある珠や管珠で、緑色や浅緑色を呈している。珪酸質が 90％以上のファイアンス珠で、カリ硝石を助融剤として使用したものであった。これは中国独自のガラス釉による製作と考えられている。形態は西周期のファイアンス珠の系譜をひくものである。

　一方、蜻蛉珠のデザインのファイアンス珠もみられ、陶胎蜻蛉珠と呼ばれている。最も古い例は春秋末で湖北松滋大岩嘴遺跡などから出土し、その後戦国時代の間も作られていたようである。時期的にもこれは明らかに西方の蜻蛉珠のデザインを模倣して製作したものである。鉛同位体比分析から、これらの珠は中国製であることがわかっている。

第1章　東アジアへのガラスの伝来と発展

　西方で発明されたガラスが、最初に東アジアへともたらされたのは、紀元前1千年紀のことである。製造法ではなく、ガラス製品そのものがまずもたらされた。それは持ち運びのしやすい珠であった。珠は交易品であると同時に自らを飾るものでもある。単色の珠もあるが、「蜻蛉珠」と呼ばれる重圏円文などの文様をもつ珠は、ユーラシア大陸各地で好まれ、多数の人々の手を介して、やがて東方へともたらされた。

1. 蜻蛉珠の東アジアへの伝来とその展開

蜻蛉珠とは何か

　蜻蛉珠は一般に円文文様・縞文様・モザイクなどの文様をもつ装飾されたガラス珠を指し、特に眼のような文様をもつ重圏円文珠がその代表的なものである。この重圏円文は一見すると眼のように感じられるため、ここから蜻蛉珠の名がついたと思われる。なお、これは日本独自の呼び方である。本書では、これら装飾珠を一括して蜻蛉珠と呼称している。

　重圏円文をもつ珠は前15世紀頃のエジプト新王国期に先行形態があり、その後西アジア各地でみられるようになるが、特に紀元前7～6世紀頃になるとメソポタミア地方や地中海沿岸で非常に盛んに製作され、ユーラシア大陸各地へと運ばれていった。また運ばれたいくつかの地では、模倣されて現地で製作されるようになった。その製作法は、芯に巻きつけたガラス珠を素地とし、その上に円形の薄いガラス片を交互に重ねて貼り付けて眼（重圏円文）とするも

ので、重層貼付珠とも呼ばれる。この重圏円文は西アジアにおいて神眼の意味をもち、単なる装飾としてだけでなく、辟邪のお守りとしての役目も果たしていた。

また紀元前5世紀頃になると東地中海を中心にモザイク文様などの珠が製作され、これも各地へと運ばれていった。このタイプはモザイク珠と呼ばれることも多い。

(1) 蜻蛉珠、アジアへ

新疆への伝来

現在の中国の国内における最も古いガラス製品は、新疆地区より出土している。第二次大戦以前にも、新疆では海外の探検家や考古学者が多数のガラス製品を収集しているが、特に1990年代以降に発掘による資料が増加した。西周から春秋期に併行すると考えられている遺跡から多数のガラス製品が出土している。出土するガラス製品は珠であり、単色珠が多く、少量の蜻蛉珠がみられる。以下、主な出土遺物を取り上げる。

新疆拝城県克孜尓墓地（図11） 青銅〜鉄器時代の墓地（前1110〜前660年頃）から単色ガラス珠多数と、少量の蜻蛉珠が出土した。水庫M26墓出土の蜻蛉珠は重圏円文珠で、青色系の素地に白または黄色に青色を重ねた重圏円文を配している。風化が進んでおり状態は悪い。蜻蛉珠は、骨珠や瑪瑙玉とともに墓主の頸部から出土しており、首飾りであったと考えられる（新疆文物考古研究所 2002）。

新疆輪台県群巴克墓地 前950〜前600年頃（西周中期から春秋中期）の墓から、単色ガラス珠と蜻蛉珠が出土した。IM27墓出土の蜻蛉珠は重圏円文珠である。暗黄色の素地に白・黒を重ねた重圏円文が上下二列に3個ずつ、計6個配されている（后徳俊 2005）。

新疆且末県扎滾魯克墓地 M14墓（紀元前761±61年：西周晩期〜春秋早期）

出土の蜻蛉珠は重圏円文珠で、藍色の素地に白・藍色を重ねた重圏円文を配している（新疆博物館他 1998）。

新疆拝城県克孜尓の蜻蛉玉は化学分析がなされている（李青会 2005b）。風化がひどく、分析値は本来の状態を示していないが、西方製のソーダ石灰ガラスと考えられる。

図11 克孜尓墓地　蜻蛉珠

これら新疆で出土した蜻蛉珠は、小さい珠に重圏円文を4～6点ほど配した非常に単純な重圏円文珠で、特に西アジアの初期の蜻蛉珠にみられるものである。西アジアで製作された珠が、搬入されたものと考えて問題ないであろう。このタイプの蜻蛉珠が製作されるのは紀元前7世紀頃からと考えられており、出土遺跡の年代の下限におおよそ一致する。

蜻蛉珠を出土した墓地は新疆の早期鉄器文化に属するが、新疆ではこの時期の文化において遊牧的な要素が増加し、墓からの遺物にもユーラシア草原西部の遊牧文化との関連がうかがえる（韓建業 2005）。また出土した蜻蛉珠は、西アジアで盛んに製作されはじめた頃に、すでに新疆に伝来している。一方でその遺物の中には東方、すなわち中国中原文化からの影響もみられる。彼ら新疆の早期鉄器文化の人々は、東西の文化と盛んに接触していたことがうかがえる。

いわゆる「絹の道（シルクロード）」は前漢の時代に武帝によって張騫が西域に使者に出されて以後、開通したとされている。しかしそれ以前から、この東西を結ぶ交通路は東西交渉の舞台となっており、さまざまな文物が東から西へ、西から東へと運ばれていった。西アジアでガラスが発明された後、東へとガラスが運ばれた道もこの路であった。この新疆地区は古来より、後にオアシスルートと呼ばれる道が展開する地であった。

上述したように、この時期の新疆はそれ以前に比べ、より活発な東西文化の

交点の地となっており、これらの墓地に葬られた人々は、東西文化交渉の担い手となっていたと考えられる。ガラス珠を副葬した墓地は、その文化期の一般的な墓であり、骨珠や瑪瑙珠などとともに首飾りなどの装飾品として出土している。当時の人々が生前からこれらガラス珠を装飾品として好んだ様子がうかがえる。西方から入手した蜻蛉珠は、あるものは自らの飾りとし、またあるものは中原の文物と引き換える交渉の品としたのであろう。彼らの手を介して、中国の中心地へと蜻蛉珠がもたらされるのである。

中原への伝来

春秋末期から戦国時代になると、蜻蛉珠は中国の中心部へと広がっていく。しかしこの蜻蛉珠が分布する様相は興味深い。最初に出現した新疆、すなわち中国の辺境から徐々に広がっていくのではなく、新疆とは距離のある政治的な中心地に出現し、次に各地へと広がっていく様相がみられるのである。まず春秋末から戦国時代早期にかけて、山西・山東・河南・湖北・湖南などの地から蜻蛉玉が出土する。出土例としては次のようなものがある。

山西太原晋国趙卿墓（図12）　春秋末年あるいは戦国早期（前475〜前470年頃埋葬）の墓で、墓主は趙国の卿一級という非常に高い身分であった。蜻蛉珠13点が出土しており、重圏円文珠で、藍色または水色の素地に白・青色を重ねた重圏円文を1〜2列配したものと、よりサイズの大きい、濃紺の素地に白・青（紺）色を重ねた重圏円文を互い違いに3〜4列配したものなどがみられる（山西省考古研究所他 1996）。

河南固始県侯固堆1号墓　春秋末の呉王夫差の夫人墓である。前504年に呉王がこの地を攻めた時に、伴っていた夫人が客死し、この地に葬られたと考えられている。夫人の棺の内側より蜻蛉珠が出土した。重圏円文珠で、青色系の素地に藍・白色を重ねた重圏円文が4点配されている。この蜻蛉珠は、分析によると西方系のソーダ石灰ガラス（Na 10.94％　Ca 9.42％）であった（后徳俊 2005）。

湖北随県擂鼓墩曾侯乙墓（図13）　戦国早期の墓で、被葬者である「曾侯乙」は曾国の君主で前433年に没したと考えられている。1万点を超える副葬品で知られているが、この墓からは蜻蛉珠173点、また彼の妻子墓からは計24点の蜻蛉珠とガラス珠が出土している（湖北省博物館他 1989）。中国における1基の墳墓からの蜻蛉珠の出土例としては、最も点数が多い。蜻蛉珠のタイプは数種みられる。青または紺の素地に、白・青や白・茶・青の重圏円文を6点ほど配した重圏円文珠が多数みられる。その他、青地に小円文を多数配したもの、重圏円文を全面に配したもの、また黄色の素地に白・青の重圏円文を6点ほど配するものなどがみられる。分析によると大半は西方系のソーダ石灰ガラスであるが、若干の中国製蜻蛉珠も混在しているようである（后徳俊 2005）。

　この他、山西長治分水嶺270号墓、山西長子県牛家坡M7墓、山東淄博臨淄郎家庄M1墓などから蜻蛉珠が出土している。これら蜻蛉珠を出土した墳墓の被葬者は、いずれも非常に身分の高い貴人であった。

　このように春秋末から戦国早期にかけて出土する蜻蛉珠は、円文を重ねて貼り付けた重圏円文珠である。大半が銅・鉄着色の青・淡青・淡緑色や、コバルト着色の紺・濃紺色の素地に、重圏文として白・青（紺）・白・青（紺）と交互に重ね貼り付けたものである。これらの蜻蛉珠を、西方で出土した蜻蛉珠と比較検討すると、前6〜前3世紀頃の東地中海製の蜻蛉珠によくみられるもので、類似の珠は西アジアや黒海沿岸、ヨーロッパから多数出土している。たとえば、山西省太原趙卿墓や湖北随県曾侯乙墓から出土した、青地青白重圏円文珠と類似の珠は、黒海沿岸や南ロシアからコーカサスの前6〜前4世紀の古墓から多数発掘されている。さらにイラン・イラク・シリアなどから出土したとされる同形式のものも多い。また曾侯乙墓から出土した黄地青白重圏円文珠は、黒海沿岸北岸やドナウ川流域、地中海域から多数出土しているが、アジア地域では出土例がきわめて少ない（由水 2003）。

　分析されたものは、曾侯乙墓のごく一部を除き、西方の珠と同様の成分をもつソーダ石灰ガラスであった。化学分析によれば、珠の青紺色の部分からは、

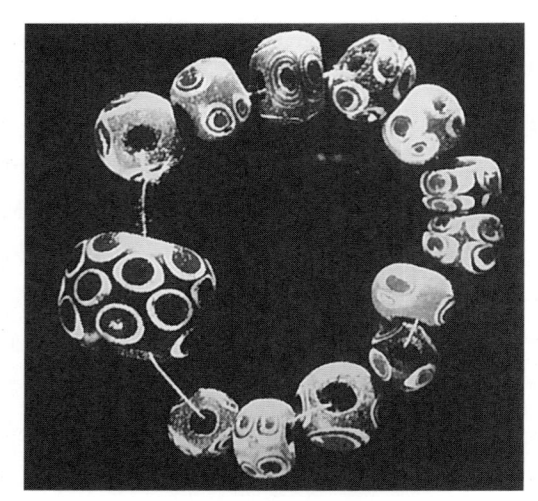

図12　太原趙卿墓　蜻蛉珠

図13　随県曾侯乙墓　蜻蛉珠

二酸化マンガンの含有量の少ないコバルト鉱石が使用されたことが判明しており、また同心円文の周囲の白色不透明部分には、酸化アンチモンが7.5%程度含まれている。中国産のコバルト鉱石を用いた場合は、二酸化マンガンの含有量が多くなる傾向があり、白色ガラスに酸化アンチモンを用いるのは西方に一般的で中国では皆無である（谷一 1999）。

中国の中心地で最初に出現するこれら蜻蛉珠は、化学分析とその形態から西方から伝来したものであったことは間違いない。

蜻蛉珠伝来の社会的背景

なぜこの春秋末期から戦国時代に、蜻蛉珠が中国へと伝来したのだろうか。まずその前提条件として、蜻蛉珠が前6世紀以降に西アジアや東地中海地域で特に盛んに製作されはじめたことがあげられる。これら蜻蛉珠は西欧や北欧、黒海沿岸、南ロシアといったユーラシア大陸の広い地域で多数出土しており、当時の交易品として非常に人気が高かったことがうかがえる。

そして前6世紀以降に多数の蜻蛉珠が中国へと伝来した背景として、二つの大きな要因があげられる。ひとつはアケメネス朝ペルシア帝国（前6世紀中頃～前330年）の成立である。アケメネス朝ペルシアは中央アジアからエジプトまでを広く版図に含み、この地域はひとつの政治圏としてつながりをもつこととなった。またアケメネス朝は非常に広範囲から物資を首都ペルセポリスに集めたことがわかっている。その広大な版図の内部、そしてその周辺地域と帝国の間において、人々の交流と物資の交易がこれまでになく活発化したのである。その版図には、後のシルクロードの内陸ルートのひとつである「オアシスの道（オアシスルート）」が通っており、この道もまた、主要な交通路として活性化したことは疑いない。

もうひとつは、ユーラシア北方の遊牧騎馬民族の活発な動きである。この時期、遊牧騎馬民族のスキタイはユーラシア北方において広く活動していた。スキタイ時代（紀元前8〜前4世紀）にはユーラシア草原の東部から西部まで、

すなわち東はモンゴル高原から西は黒海北岸までかなり均質性の高い文化が広まっており、彼らの間での交流が頻繁であったことがわかっている（林俊夫 2006）。彼らの活動していたユーラシア北部の草原地帯は、シルクロードの「草原の道（ステップルート）」として後に注目される交通路でもあった。

ステップルートは、南ロシアの草原地帯、キルギス草原地帯、天山山麓、モンゴル高原を結ぶ大ステップ地帯を貫く交易路で、オアシスルート・海上ルートと並ぶ東西を結ぶシルクロードのひとつである。長い歴史をもつこのルート上は、スキタイをはじめとする騎馬民族が活躍した地域であり、騎馬の風などはこの道に沿って東へと伝来したと考えられている（川又 2006）。東西交渉を示す遺物も、遊牧民族・騎馬民族の墓から多数出土している。たとえば、アルタイ山脈のパジリク古墳はステップルート沿いにある、前5〜前4世紀頃の後期スキタイ文化の墓である。この墓からはアケメネス朝ペルシア製（もしくはそれを模倣した現地製作の）絨毯と、中国製絹織物や戦国時代の中国鏡が出土している。まさに東西との直接的な文化交流を象徴する遺跡である。彼ら遊牧騎馬民族は、東西の文化の交流の担い手としても活躍したのである。

また、黒海北岸からコーカサスにかけてのスキタイ文化期の墓からは、蜻蛉珠が多数出土しており、スキタイ人が蜻蛉珠を好み、自らの装飾品として多量に入手していたことがうかがえる。それら蜻蛉珠は、東方への交易品としても活躍したことであろう。

このように、蜻蛉珠は当時西アジアや東地中海域において交易品として盛んに作られ、そして人気を博していた。アケメネス朝ペルシアがもたらした、ユーラシア中央部から西アジアにかけての安定と交流の発達、そして遊牧騎馬民族の活躍によるユーラシア北部の活発な交流を背景に、蜻蛉珠は西方から東アジアへともたらされたと考えられる。蜻蛉珠が伝わった経路はひとつではなかった。あるものはオアシスルート経由で新疆のオアシス地帯を経て、中国へと運ばれ、あるものは北方遊牧騎馬民族の人々の手を経て、ステップルート経由で中国へと運ばれたと考えられるのである。

中国においてもこの時期、西方や北方の民族との交流が活発化していた証拠がみられる。春秋時代中期から戦国時代にかけて（前6～3世紀）、有翼獣の図像がいくつか出現している。これらは草原地帯や西域と接した地域から出土しており、北方や西方から伝播したと考えられている（林俊夫 2006）。また戦国時代には、趙の武霊王が胡服騎射を取り入れたことに象徴されるように、北方遊牧民との交流が活発化していた。蜻蛉珠もまさしく、この時期の活発な交流の証左である。

蜻蛉珠を副葬された被葬者は、卿や諸侯など非常に高貴な身分であった。西方から伝来した蜻蛉珠は量も少なく、非常に貴重なものであり、より積極的に北方や西域とのつながりをもつことにより、入手した可能性もある。また山西省から出土が多くみられるというのは、この地域が北方との交流が盛んであったためと考えられる。中国から出土した蜻蛉珠については、文様の分類などまだ研究の余地が多い。蜻蛉珠を丁寧に分類し、ユーラシアの他の地域の出土品と比較検討すれば、春秋戦国時代の東西交渉について、また被葬者の西域や北方との交流について、新たな知見を得られるのではないだろうか。今後の研究が待たれるものである。

このように遥か西方からもたらされた蜻蛉珠は、当時の人々の垂涎の品であったことは間違いない。そして次にこの美しい蜻蛉珠を自らの手で作ろうという試みが、中国におけるガラス製作の開始へとつながっていく。

（2）中国における蜻蛉珠の製作

戦国早期における蜻蛉珠製作の開始

このような西方から伝来した珠を手本に、戦国時代早期以降になると蜻蛉珠が中国でも製作される。すでに春秋末期からファイアンス製の蜻蛉珠も出現しており、ガラス製蜻蛉珠を生み出すさまざまな試みがなされたことがわかっている。製作が開始された初期の珠は重圏円文珠で、西方のデザインを踏襲して

いる。その後も一見西方製と区別がつかないような重圏円文珠が多数作られている。

　これら中国製の珠の組成は、鉛バリウムガラスと呼ばれるガラスである。当初はカリガラスなどでも製作を試みていたようだが、鉛バリウムガラスが出現すると、それ以外のガラスの素成は見られなくなる。これは溶融剤として鉛を使用したもので、西アジアのソーダ石灰を使用したソーダ石灰ガラスと大きくその成分が異なっており、中国独自のガラスとして知られている。鉛バリウムガラスについては、また後ほど詳細にふれる。

　中国はすでに高度な青銅器の製作技術を保持しており、鉛の扱いといった化学的知識は非常に発達していた。西方から伝来したガラスを原料から製作する時、この青銅器製作の知識を応用して、作り出したものと考えられる。しかし中国製の重圏円文の蜻蛉珠は、西方製蜻蛉珠と同様の製作技法で作られている。すなわち芯に巻きつけて製作した珠を地として、薄い円形のガラスを何層にも貼り付けるというものである。これは無文のガラス珠と異なり高度な技術を要し、また簡単に発想できるものではない。おそらく西方から、何らかの形で製作技法が伝播したのではないだろうか。

　中国独自の蜻蛉珠は西方からの搬入品と同様に、当初は非常に高級品であったようだ。戦国早期の中国製蜻蛉珠は、湖北随県曾侯乙墓、山東曲阜魯国故城52号墓といった、非常に身分が高い貴人が副葬された墓より出土している。

中国独自の蜻蛉珠の展開

　戦国時代中期以降になると、ガラス珠の製作技術は進歩していった。ガラスの質が向上し、さらに蜻蛉珠のデザインは注目すべき変化をみせる。戦国時代前期から、西方の重圏円文に中国独自のアレンジを加えたデザインが見られたが、さらにそれが発展するのである。

　たとえば重圏円文の同心円の中心を片方に寄せた重圏寄円文は、中国にしかみられないデザインである。また重圏円文に小点や線文などを配して、よりデ

図14 中国独自の蜻蛉珠のデザイン

湖南長沙左家塘　湖北江陵馬山　河北柏郷小京村　山東曲阜魯國故城　湖北江陵九店

ザインを複雑化したものも多い。重圏円文を複雑化した七曜円文（ひとつの円の周囲に6個の円を配する文様。5個の円を配する場合は六曜円文）は西アジアにデザインの起源をもち、ユーラシア各地から出土している非常に人気のあった珠である。これが中国に伝来した後、同タイプのものも作られているが、さらに七曜円文の文様間に小点や線文などを配し、デザインを複雑化させたものがみられる。この他眼の部分が立体的に飛び出しているもの、四角い蜻蛉珠などもみられる（図14）。

出土例としては次のようなものがある。

山東曲阜魯国故城58号墓（図15）　中期以降と考えられる墓から蜻蛉珠が10点出土した。黄色の素地に白・紺色の重圏寄円文を配したもの、青色の素地に白・紺色の重圏寄円文を配したもの、また七曜円文と重圏寄円文を組みあわせたものなど、多彩な珠が出土している（山東文物考古研究所他 1982）。

河南輝県固圍村1号墓（図16）　戦国中期頃と考えられている大墓である1号墓から、数種類の蜻蛉珠が出土した。紺色の素地に白・紺色の重圏円文を配したもの、また同様の重圏円文の間に細線を配したもの、素文の六稜丸珠・六稜管珠など、多様な珠がみられる。この墳墓群では5号墓から、後述する蜻蛉珠を象嵌した帯鉤も出土した。素文の珠と帯鉤に象嵌された蜻蛉珠が分析されており、鉛バリウムガラスによる中国製の珠であった（中国科学院考古研究所 1956）。

湖北江陵馬山1号楚墓（図17）　戦国中期と考えられる、士階級の比較的高い身分の女性の墓である。蜻蛉珠2点と、同様の文様を配した蜻蛉文管珠が1点

図15　曲阜魯国故城　蜻蛉珠

図16　輝県固囲村1号墓　蜻蛉珠

図17　江陵馬山1号楚墓　蜻蛉珠

図18　平山中山王墓　蜻蛉珠

第1章　東アジアへのガラスの伝来と発展　29

表1　中国出土蜻蛉珠　組成表

	SiO_2	PbO	BaO	Na_2O	K_2O	Al_2O_3	MgO	CaO	Fe_2O_3	CuO	MnO	文献
固始県侯固堆1号墓蜻蛉珠	79.67						0.39	9.42	0.65			1
湖北曾侯乙墓蜻蛉珠藍色基体	43.41	0.02		10.94	0.52	3.07	0.53	6.03	1.3	0.2	0.01	2
輝県固圍村1号墓蜻蛉珠1	43.41	26.88	14.37	7.28	0.27	4.8		0.69	0.14			2
輝県固圍村1号墓蜻蛉珠2	37.56	32	16.07	4.47		4.95	1.41	1.75	0.49			2
河北中山王墓藍色基体蜻蛉珠	65.24			15.46	5.13	4.29	2.57	1.79	0.82	1.79		2
河北中山王墓緑色基体蜻蛉珠	42.03	29.47	17.85	4.02		0.5			0.22			2
西アジア製蜻蛉珠1（注1）	61.19		0.01	15.9	2.66	4.53	3.63	5.02	6.5	0.003	0.014	3
西アジア製蜻蛉珠2（注2）	72.45	0.3	0.02	15.1	0.57	1.79	0.4	7.18	0.45	0.98	0.01	3

注1）HASANLU（イラン）出土蜻蛉珠　1100～800B.C.　黒色地，白色眼
注2）CHOTIN（スロバキア）出土蜻蛉珠　8～5th.B.C.　青色地に暗青色・白色の重圏眼　風化大
文献①干福熹・黄振発 1986　②李青会 2005b　③ Brill, Robert H. 1999

出土した。蜻蛉珠は青地に白・藍色を重ねた七曜円文を中央に配し、その周囲に白・藍色の重圏円文や黄色の小点を配している。管珠は端部と中央に横線を数本巻き、その間に斜めに線文を配し、さらにその空隙に重圏円文を配するという、蜻蛉珠と同様の装飾をもつものである。このような管珠は西アジアでは発見されておらず、中国独自のものである。この墓は出土状況が非常に良好で、蜻蛉珠の棺飾り・佩飾としての使用法が明らかとなった（図19）（湖北省荊州地区博物館 1985）。

河北平山県中山王墓およびその陪葬墓　前4世紀末（前310年頃）の中山王墓より蜻蛉珠が4点出土している（河北省文物研究所編 1996）。1点は紺地に白・紺色の重圏円文を5列に配した大型の重圏円文珠（図18）、1点は重圏寄円文珠である。分析によると、大型の重圏円文珠が西方伝来のソーダ石灰ガラス製、重圏寄円文珠など他の珠は中国製の鉛バリウムガラスである。東西の珠が混在している状況になっている。大型の重圏円文珠は、西方製のものも、またそれを模倣した中国製も、共に戦国中期以前には中国でみられない。西方からの蜻蛉珠の伝来が戦国期を通じて存在していたことが、より明確に示される例である。

中国製蜻蛉珠の製作地

「中国古代玻璃出土文物簡編」（李青会 2005a）をまとめると、戦国時代の遺跡から出土したガラス製蜻蛉珠の総数は380点以上（出土点数が不明なものもあるため概算）である。ただし、西方からの伝来品と中国における生産品は分けていない。また陶胎蜻蛉珠は計算に入れていない。これらの珠は、山西（31点）・山東（32点）・河南（11点以上）・河北（10点）・陝西（50点）・湖北（232点以上）・湖南（80点以上）・広東（1点）・四川（8点）などより広い地域で出土している。

これら中国製の蜻蛉珠は、中国のどこで製作されたのだろうか。残念ながらこの時期のガラス製作址は発見されていない。特に西方からの蜻蛉珠を多数出

土している河南などの中原地域では、中国製の蜻蛉珠の出土点数も多い。手本が入手しやすく、北方や西域の人々との接触が多かった点、また後述する蜻蛉珠を象嵌した器物の出土といった点を鑑みると、この地域で蜻蛉珠の製作が行われていた可能性は高い。

　一方、湖北・湖南という戦国楚の地域も蜻蛉珠の出土点数が多く、また後述するように戦国楚においては中国独自のガラス製品である、ガラス璧などを製作していたと考えられている。これらの点から、湖北・湖南地域でも蜻蛉珠の製作が行われていた可能性が高い。また最も初期の中国製蜻蛉珠を出土した湖北曾侯乙墓は旧随県にあるが、出土した蜻蛉珠との関連がうかがわれる記録がある。前漢の劉安の「淮南子（巻六覧冥訓他）」には「随侯之珠、和氏之璧」と書かれており、随侯の珠が和氏の璧と並び称されるものであったことが記されている。また後漢の王充の「論衡（率性編）」には「道人五石を消爍して、五色の玉を作れば、これを真玉に比するに、光殊に別ならず。（中略）随侯薬をもって珠を作れば、清耀なること真のごとき」と記されている。五石をとかして作る五色の玉はガラスである可能性、また随侯が薬により作る珠は、ガラス珠であった可能性がある。この文は中国戦国時代において、ガラスや蜻蛉珠が、この随侯の地＝楚国周辺で製作されていた可能性を示唆している。

　このように、戦国時代における蜻蛉珠の製作地は1箇所ではなく、いくつかの地域で行われていたと考えられる。蜻蛉珠を含めた鉛バリウムガラス製品の生産については、ガラス璧の製作地の検討において、あらためて述べたい。

中国における蜻蛉珠の使用法とデザインの変化の背景

　すでに述べたように、蜻蛉珠は新疆に辺境に伝来した後、春秋末から戦国初期の時代には一気に中心地で出現する。これは何よりも、当時これら西方製の珠が貴重なものであることを示しており、まず上層階級に愛用されたのであろう。さらに中国における製作が開始された戦国早期は、生産量も少ないために中国製蜻蛉珠も貴重なものであり、西方からの伝来品と合わせて、蜻蛉珠を上

層階級が愛用する状態が続いたと思われる。

　このように上層階級で好まれていた蜻蛉珠は、中下層の人々にとっても垂涎の品であったのだろう。戦国中期以降、中国製蜻蛉珠が多数みられる時期になると、上層の身分の墓からも引き続き出土するが、それに加えて下士など身分がさほど高くない人物の墓からも出土するようになり、また出土地域も広がっていく。西方由来の蜻蛉珠が中国で広く好まれ、受け入れられた状況がうかがえる。

　一方、これら蜻蛉珠の受け入れ方＝使用法にも、また中国独自の方向性がみられる。江陵馬山１号楚墓では、蜻蛉珠は葬送時の状態を保って出土した。被葬者は蜻蛉珠と玉製管珠を紐に通して腰帯から垂らしており、佩飾として使用していた。また蜻蛉珠と蜻蛉管珠を二つ連ねて黄色の紗を束ねたものを棺蓋の端に置く、という棺飾りとしても使用している（図19）。これらは玉（ぎょく）製品の使用法として以前からみられるものである。

　西アジアや東地中海沿岸域においては、蜻蛉珠は多数連ねるか、または他の素材の珠と合わせて首飾りと使用される例が一般的である。しかし中国においては、墳墓からの出土状況をみると、首飾りとしてより玉製品と同様の佩玉（各種の玉器や石を紐でつなぎあわせた装身具。またはそれに使用する玉）のひとつとしての使用が一般的であったことがうかがわれる。

　重圏円文は本来西アジアにおいては神の眼のシンボルであり、蜻蛉珠を身につけることは辟邪の意味があった。そのため首飾りとしての使用がより一般的である。しかし中国での蜻蛉珠の使用をみると、蜻蛉珠＝神眼＝辟邪という観念は共に伝来しなかったことがうかがえる。そのため使用法にこだわらなかったのだろう。また神眼の意味を見出していないという状況は、中国において重圏円文珠のデザインが独自の発展をするに至った大きな要素となったと考えられる。戦国時代に中国で盛んに作られた、重圏円文の周囲を小点で囲むタイプの珠は、装飾が複雑かつ華やかになる一方で「眼」の部分が目立たなくなっている、すなわち辟邪の神眼の意味合いは薄れているといえる。さらにこの蜻蛉

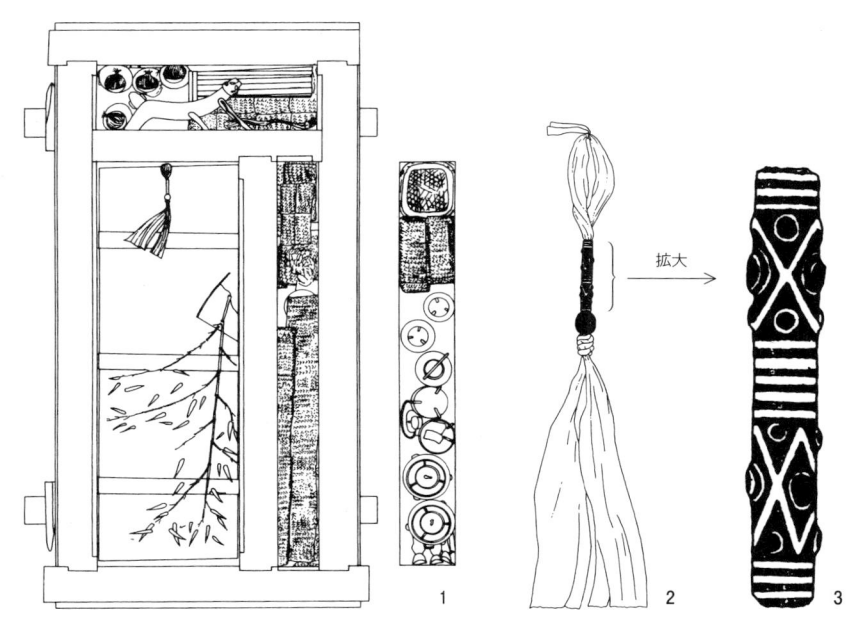

図 19 江陵馬山 1 号楚墓
1. 蜻蛉管珠使用棺飾り出土状況　2. 棺飾り拡大図　3. 管珠実測図

　珠のデザインを取り込んで製作された管珠（江陵馬山 1 号墓）（図 19）は、同様の文様を配しているが目の表現はきわめて簡素で、デザインの素材のひとつとしての扱われ方といえる。同じく戦国時代に流行した七曜円文を複雑化した蜻蛉珠は、七曜円文がむしろ梅花文様のようにも感じられるデザインである。
　このように、重圏円文の蜻蛉珠が本来もっていた意味――神眼とそれによる辟邪――は、中国においては意味をもたず、重圏円文はあくまでデザインのひとつとして好まれていったようである。そのような受け入れ方をされた蜻蛉眼文様が、当時の中原で好まれたありようとして、非常に興味深い流行がみられる。これら蜻蛉眼＝重圏円文が装飾された青銅器が出現するのである。

（3）蜻蛉珠の象嵌とその背景

　戦国時代の短い間ではあるが、特に河南地域を中心に、蜻蛉珠を象嵌した器物が現れる。器物の主なものは、帯鉤、銅壺、鏡、杯などである。これら非常に魅力的な品々は多くが盗掘による収集品であるが、数点は発掘で出土している。出土例には次のようなものがある。

　河南輝県固囲村 5 号墓　蜻蛉珠象嵌帯鉤（図 20）　戦国時代中期頃と考えられている小型墓から、蜻蛉珠を象嵌した帯鉤が出土した。帯鉤は金包玉嵌（金で外周を包み玉を象嵌した）の銀製帯鉤であり、玉の中央に重圏円文珠が象嵌されている。藍色の半球形の素地に、白・藍色の重圏円文が 3 点配されている。蜻蛉珠は分析によると中国産の鉛バリウムガラスである。この 5 号墓は蜻蛉珠を出土した 1 号墓の陪葬墓で、1 号墓の蜻蛉珠も中国製であった。帯鉤の製作技術とその意匠は非常に優れており、この時期の優れた金工技術を示すもののひとつと考えられている。このように玉を飾り半球形蜻蛉珠を象嵌した帯鉤は、この他収集品としても数点存在している（中国科学院考古研究所 1956）。

　河南洛陽市西工区 C1M3943 戦国墓　蜻蛉珠象嵌銅鏡　戦国時代晩期と考えられる墓から、蜻蛉珠を背面に象嵌した銅鏡 2 面と、重圏寄円文珠などの蜻蛉珠 3 点が出土した。銅鏡のサイズ・文様は 2 面とも基本的に同じと考えられ、「六山鏡」と呼ばれるタイプである。破砕されていたものが復元されており、山の字の間に青地に白と青色を重ねた半球形の六曜円文珠が 6 点ずつ交互に三周、計 18 点象嵌されている（中央は不明）（図 21）。山字鏡は戦国時代に盛行した鏡で、通常の六山鏡として製作されたものに、後で蜻蛉珠を象嵌させた可能性が高い。被葬者は女性で、墓の規模は大きくはないが副葬品の質は高く、周王室の陪葬墓で上層階級の人物と考えられている（洛陽市文物工作隊 1999）。

　出土地は明確ではないが、収集品として名高いものが、河南洛陽郊外の金村から出土したと考えられている遺物である。1900 年代初頭に盗掘によって、

第1章　東アジアへのガラスの伝来と発展　35

図20　輝県固囲村5号墓　蜻蛉珠象嵌帯鉤

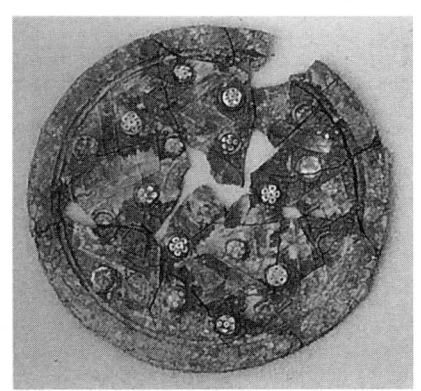

図21　洛陽西工区戦国墓　蜻蛉珠象嵌銅鏡

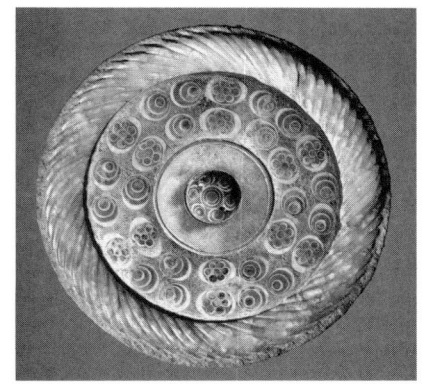

図22　伝金村出土　蜻蛉珠・軟玉象嵌銅鏡

多数の副葬品が金村から持ち出され世界各地に散逸した。それらは現在「伝金村出土」の品々として知られている。これらの遺物は青銅器や玉器など、非常に美術的、製作技術的にも優れたものが多い。その中に蜻蛉珠による象嵌装飾の器物が多数みられるのである。これらの古墓は、戦国時代のこの地域の王侯貴族階級の墓とその陪葬墓であったと考えられている。

伝金村出土　蜻蛉珠・軟玉象嵌銅鏡　紺地に紺・白色を重ねた七曜円文の半球

形蜻蛉珠（紐通しとして孔があく）を鈕として置き、その周辺および外区に白玉を配する。内区には紺・白色の七曜円文と重圏寄円文の半球形珠を並べ、素地に青のガラスを充填して溶融成型し、研磨したものを張り込む。他に類例をみない高度な技術で作られた優美な鏡である（図22）（梅原編 1936）。

伝金村出土「九弧文彩書鏡」 九つの弧文をもついわゆる内行花文鏡で、外区の弧の間に珠を象嵌している。その弧間に彩書の痕跡があり、これもまた他に類をみない（梅原編 1936）。

伝金村出土「嵌珠金銀錯文壺」 外にやや開いた口に長めの頸をもつ、腹の張った青銅製の壺（こ）の全面に金銀および半球形のガラス珠で象嵌を施し、幾何学文を表している（梅原編 1936）。このような青銅器の壺などに金銀ガラスで象嵌を施した例は、収集品として数点存在している。

　以上、出土品ならびに収集品のガラス象嵌遺物を概観した。すべて金属器への象嵌であるが、収集品の中には金属製品ではなく木製品を装飾していたと思われる、半球形蜻蛉珠を配したガラス製品も存在している（関善明 2001）。これら象嵌に使われている蜻蛉珠は半球形で重圏円文や六・七曜円文が配されており、はじめから象嵌をする目的で製作したものと考えられる。その象嵌されている品物が何であれ、蜻蛉珠の色調は基本的に青（藍）地に青と白の重圏円文という構成である。これらの象嵌された半球蜻蛉珠のデザインは、七曜円文かあるいは六曜円文が多いが、単純に三個の眼を配したものもある。七曜円文・六曜円文は眼の意匠というより、梅花形を彷彿とさせる文様となっている。梅花紋は中国で好まれる文様であり、すでに述べたように「眼」としてより「花」としての表現として好まれていた可能性もあろう。分析されている象嵌半球形蜻蛉珠はすべて鉛バリウムガラスであり、象嵌用に製作されたと考えられる。球形蜻蛉珠と同じ工房で作られていた可能性が高いだろう。

象嵌製品の製作地と製作の背景

　象嵌蜻蛉珠を使用した器物は、ほぼ河南・陝西の地からのみ出土しており、

特に大量に出土したのは河南省である。一方で、たとえば洛陽市工区から出土した六山鏡については、山字鏡は楚国、あるいは楚地の産品であるため、この象嵌鏡もまた楚国製であるとの説がある（后德俊 2005）。しかしこの六山鏡や伝金村出土「九弧文彩書鏡」などは、蜻蛉珠を配することを意図せず製作された銅鏡に、蜻蛉珠が象嵌されていると思われる。また金村出土の青銅鏡の中には、本来の装飾を削って他の文様を施している例などもみられる（梅村 1936）。すなわち、他地域などで製作された完成品を入手し、あらためて象嵌などの加工を施しているのである。

　象嵌された半球形蜻蛉珠は最初から半球形に製作されており、象嵌用に製作されたものと考えられる。またそれぞれの器物に合わせて、製作時点でサイズを調整する必要もあるだろう。そのような点を鑑みると、その青銅製品本来の製作地は異にしても、これら象嵌用の半球形蜻蛉珠の製作と器物への象嵌が、河南で行われていた可能性は高い。もちろんその工房では、通常の完球形の蜻蛉珠も製作されていたことであろう。

　これらガラスを器物に象嵌するというアイディアは、なぜ生まれたのだろうか。青銅器へのガラス象嵌の技法は、西アジアより導入されたとの説もあるが（由水 1992b）、ソーダ石灰ガラスの製作技術が伝わっておらず、またメソポタミアでも秘中の技術であったと考えられる技法が、単独で中国まで伝えられた可能性は低いと思われる。むしろこの地域における戦国期の工芸技術の発展を重視したい。

　青銅器上への金銀象嵌法は春秋時代中期に出現し、戦国時代早期には容器に施されるようになる。中期には広い地域、特に両周三晋地区（洛陽を中心とする山西省と河南・河北両省の一部）で流行する（孔祥星・劉一曼 1991）。金村や固囲村をはじめ、河南を中心に出土している戦国中期〜後期の副葬品は、まさに戦国時代の工芸製作技術の頂点ともいうべき遺物で、その青銅器への金銀による象嵌は精緻をきわめ、絢爛多彩ともいうべきものである。また単に工芸技術の発達だけでなく、たとえば銅鏡をとってみてもその文様の題材は多様で

あり、さらに彩色を施すなど表現方法も非常に多彩かつ自由に展開している。
　青銅製品の高い製作技術、そして金銀をはじめとする象嵌技術の発達、さらに伝統にこだわらない自由な表現方法の多彩さ、この時期の当地の工芸品はまさにそのような状況下で作られている。こういった風潮の中で、これら蜻蛉珠をはじめとするガラスによる器物への象嵌も発案されたのではないだろうか。
　もちろんそのような工芸品を好む貴人たちの存在、これは非常に重要であっただろう。残念ながら金村には多数の墓があり、出土した墳墓も出土状況も盗掘のため不明である。蜻蛉珠を象嵌した器物は、固囲村では王侯墓の陪葬墓から、また洛陽西工区でも王侯墓の陪葬墓と考えられる墓から出土している。最高位の墓から出土したとは言いがたい。しかし一方で固囲村1号墓の王侯墓からは蜻蛉珠が出土しており、蜻蛉珠は王侯にとってもふさわしいものであったことがうかがえる。
　これら蜻蛉珠を象嵌した器物は、伝統からの逸脱もあり、葬送用に製作されたとは考えがたい。地位を示すものや地位を誇示するものというよりも、生前から愛用されたものと思われる。しかしこのような半球形蜻蛉珠などガラスを器物に象嵌する手法はこの時期以降はみられず、この河南を中心とした、非常に限られた地域の限られた時代での流行であったようだ。これら蜻蛉珠象嵌器物は、当時の流行品であったといえるだろう。
　蜻蛉珠自体は可南以外にも広い地域で作られている可能性があり、戦国期から秦漢へと至る混乱の中も、製作技術は維持されていたようである。しかしこの器物への象嵌は非常に限られた技術と流行であり、おそらく戦国末期の混乱の中で忘れ去られたのではないだろうか。

2. 中国における独自のガラス製品の製作とその展開

（1）玉製品を祖型とするガラス製品

　中国における最初のガラス製品である蜻蛉珠は、西方の製品を模倣し変化発展させたものであった。一方で戦国時代になると、中国独自の形態をもつガラス製品がみられるようになる。それらは璧・環・剣具で、いずれもそれまで玉（ギョク）や石で作られていたものである。特にガラス璧とガラス剣具は、戦国楚の地域に集中して出土している。まずこれら独自のガラス製品を概観したい。

ガラス璧

　璧は中国独自の産品である。すでに前3千年紀に良渚文化で盛んに作られ、墓に副葬されている。殷・周時代にも他の玉器とともに重要視されていたが、特に戦国時代〜漢代にかけては、他の玉器を凌いで盛んに副葬されている。

　戦国時代に至ると、ガラス製の璧が多数出現する。戦国早期の後半から製作が開始されたようである。戦国時代の遺跡から出土したガラス璧は、安徽省2点と福建省1点を除きすべて戦国楚の地域から出土している。「長沙楚墓」（湖南省博物館他 2000）によると湖南長沙の戦国楚墓から出土したガラス璧は97点を数えている。また「中国古代玻璃出土文物簡編」（李青会 2005a）によると、戦国時代のガラス璧は上述の安徽・福建の3点を除くとすべて湖南から出土しており、上述した長沙楚墓を除く、長沙以外の出土数は46点である。このようにガラス璧は圧倒的多数が戦国楚の地域から出土しており、さらにその3分の2を出土している湖南長沙地域がその製作地である可能性が高いだろう。

　出土例としては次のようなものがある。

図23　長沙楚墓 M1065 墓　ガラス璧（乳丁文）　　　図24　長沙楚墓 M1159 墓　ガラス璧（渦文）

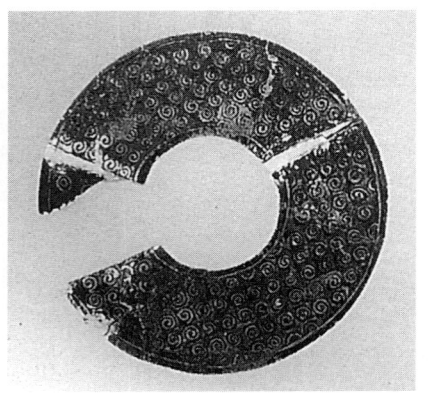

長沙楚墓　戦国墓 2048 基が発見された。中小規模の墓で、被葬者は士大夫級と考えられている。95 基から 97 点のガラス璧が出土した。璧の文様は乳丁文と渦文がみられ、色調は緑色・青色・黄色・紫色・乳白色系統がみられ、多彩である。特に緑色系のものが多い。M1065 墓の璧は片面乳丁文・浅緑色で、直径 11.6 cm・厚さ 0.3 cm。M1159 墓の璧は片面渦文・墨緑色で、直径 13.9 cm・厚さ 0.3 cm（図 23、24）。長沙楚墓からは玉璧が 25 基から 29 点出土している。最も大規模な M89 墓からは玉璧が 3 点出土した。それ以外の、玉璧を出土した墓の大半は、ガラス璧を出土した墓と、規模・副葬品に差はほとんどみられない（湖南省博物館他 2000）。

湖南資興旧市戦国墓　戦国墓 80 基が発見されており、すべて中小規模の墓である。ガラス璧 19 点と蜻蛉珠 3 点を出土した。璧は 1 点ずつの出土で、乳丁文と渦文がみられ、色調は乳白色・緑色を呈する。431 号墓から出土した片面渦文・翠緑色のガラス璧が最大で直径 13.8 cm・厚さ 0.25 cm を測る。ガラス璧を出土した墓は比較的大型で、多数の青銅器を副葬していた。一方この墓群からは玉璧を出土した墓も 1 基あるが、他の墓と比べても墓の規模は小さく、副葬品も少ないものであった（湖南省博物館 1983）。

安徽潜山公山崗戦国墓　戦国墓101基が発見されており、すべて中小規模の墓である。64号墓から玻璃璧が1点出土した。この他玉璧1点を出土した墓が2基ある。ガラス璧は乳白色で両面に乳丁文が施されている。直径9.2 cm・厚さ0.25 cm（安徽省文物考古研究所他 2002）。

　ガラス璧は玉璧同様、表面には文様がみられる。片面のみに施されることがほとんどで、文様は乳丁文（＝谷文・穀粒文）や渦文（＝巻雲文・雲渦文・穀文）が大半を占め、璧の内外の縁に一筋の弦紋があるものが多い。この他ごくまれに方格文や蒲文がある。色調は乳白色・米黄色・墨緑色・浅緑色・深緑色・青色などがあり、半透明または不透明を呈する。緑色系統の色調が最も多くみられ、乳白色・黄色系統がそれに続く。寸法は、長沙楚墓出土遺物をみると、直径は6.5〜14.1 cmで多くは8〜11 cm程度である。厚さは0.2〜0.45 cmで0.2〜0.3 cmのものが多い。

　平板なガラスとしては中国で初めての製作である。製作方法は片面鋳型にガラスを流しこみ、上から圧力をかける模圧鋳造が想定される。文様がある面、すなわち鋳型に面する部分は鋳造後に研磨などを施して滑らかに光沢が出るように加工しているが、裏面は加工処理をしておらず、光沢などがないものが大半である。両面に文様があるものもごく少数だが出土しており、これは圧力をかける器具にも文様を施したことなどが考えられる。

　この他ガラス環も少数ながらみられる。これは璧より小さく、かつ中央の孔が大きいものであるが、文様は璧と同様に乳丁文や渦文がみられる。色調も製作技法も璧と同様であり、ガラス璧と同じ工房で製作されたと考えられる。これは佩飾のひとつとして使用されたようである。

ガラス剣具（図25）

　剣具とは、剣の柄の頂端部分の装飾である「首」、剣柄と剣身の交接となる「格」、剣の鞘上に剣を佩びるために用いる「珥（＝璲）」、剣鞘の末端に用いる「珌（＝摽・尾）」である。これらは本来玉で作られたものであったが、戦国時

42

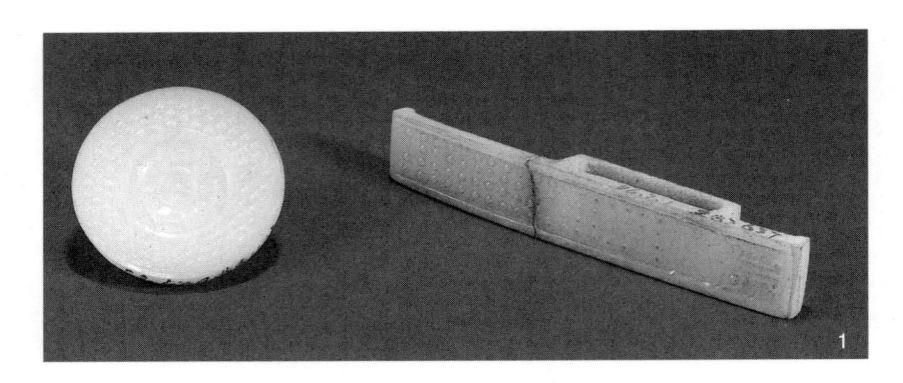

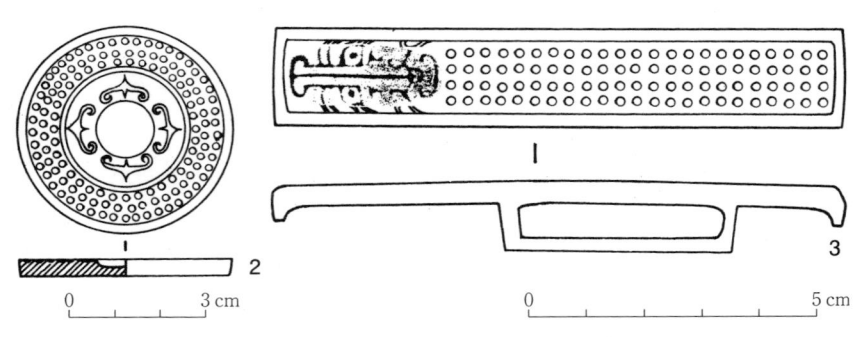

図25 長沙楚墓 M894 墓　ガラス剣首・剣珥
1. 写真　2. ガラス剣首実測図　3. ガラス剣珥実測図

　代になると一振りの剣の剣具セットすべてが玉によるものは比較的少なく、玉・石・ガラスなど素材が異なるものを組み合わせているものも多い。

　ガラス剣具は、安徽省から2点出土している以外は璧同様かつての楚の地域から出土しており、すべて湖南省から出土している。剣首8、剣珥9、剣珌1を数える。各墓より1～2点の出土で、剣具4点すべてがガラス製でセットとなった出土はない。

　剣具上には玉製のものと同様に文様を装飾している。文様は乳丁文が最も多く、渦文・柿蒂文・螭龍文が少量みられる。乳丁文の剣首は出現が戦国中期頃と比較的早く、柿蒂文は戦国晩期、螭龍文は戦国末期～前漢初期に流行した様

式である（高至喜 1986）。色調は浅緑色・米黄色・乳白色がみられる。製作方法は、両面鋳型によって鋳造後、文様に修正加工、研磨などにより仕上げている。ガラス製剣具は壊れやすく、当然実用的なものではない。儀式用か、または葬具として作られた可能性が高い。出土例は多くはないが、出土地域やガラス璧との文様の共通性を考えると、剣具もまた楚国の湖南地域で、おそらくガラス璧が製作された工房で共に作られたと推測される。

この他、ガラス印璽などがごく少数出土している。これも玉製品を祖型とするものと捉えられる。

鋳造ガラスの生産技術と製作地推定

これらガラス璧・ガラス剣具および中国製蜻蛉珠の成分は、中国独特の鉛バリウムガラスである。鉛バリウムガラスは、主成分のシリカ（珪素）が40〜60％で、溶融剤である酸化鉛が高く20〜40％を占め、さらに特徴的な成分として酸化バリウムが10〜20％入る。西方のガラスに主にみられるソーダ・石灰・マグネシウムなどが少ないのが特徴的で、中国で独自に考えられたとされている。

璧や剣具などのガラス製品の製作方法が鋳造という点は、中国ならではといえよう。中国では二里頭文化期よりすでに青銅製作技術が発達しており、春秋戦国時代はその技術が最高峰に達した時代でもあった。鋳造による製作というガラスの製作方法が、中国社会のこれまでの青銅器鋳造技術と密接に関連することは疑いない。さらにさまざまな鉱物の取り扱いの知識も、青銅器製作に伴って発達しており、鉛によってシリカの融点を下げる、というアイディアもこの技術に由来すると考えられる。特に鉛はガラスの粘性を下げる効果があり、鋳型を使用する鋳造ガラスに向いている、という利点もある。まさしく青銅器鋳造技術を背景として、この中国独自のガラス製造が開花したといえる。

戦国時代以前にはカリガラスなどによる異なる配合の中国製ガラスもみられ、ガラスの原料の調合について模索していた状況と考えられるが、鉛バリウ

表2 中国出土ガラス璧 組成表

	SiO_2	PbO	BaO	Na_2O	K_2O	Al_2O_3	MgO	CaO	Fe_2O_3	CuO	備考	文献
湖南長沙 璧	37.16	39.8	13.4	3.32	0.27	0.62	0.4	1.95	0.16	0.03	乳白色	1
湖南衡陽 璧	36.57	44.71	10.1	3.72	0.1	0.46	0.21	2.1	0.15	0.02	白色	1
湖南長沙 璧	38.3	41.53	10.4	3.07	0.34	1.67	0.41	2.75	0.22	0.73	緑色	1
安徽寿県 璧	32.26	41.14	13.57									2
(漢代)広州南越王墓 璧	35〜46	38〜40	1〜11	0〜4.4	0〜0.07	1.6〜8.5	0.5〜2.6	0.7〜1.2		0〜5.8		3

文献①史美光等 1986 ②干福熹・黄振発 1986 ③李青会 2005b

ムガラスによる製作が始まるとすべてそのタイプとなり、他の配合によるガラスがみられない点は、非常に特徴的であるといえよう。おそらく中原か楚で鉛バリウムガラスの配合が開発されたのち、その製法が他の製作配合を圧倒したのだろう。

　この鉛バリウムガラスに特徴的なバリウムの使用に関しては、二論に分かれる。湖南・河南には鉛鉱石にバリウム鉱石が共生している鉱山があるため、意図せずして混入したという説と、鉛バリガラスにみられる鉛とバリウムの比率が一定でないことから、意図的に投入したという説である。後者の説に関しては、ガラス分析中の鉛とバリウムの比率において、バリウムの比率は比較的安定している一方で、鉛の比率は大きく変化していることがBrillによって指摘されているために、バリウムは必ずしも鉛鉱の共生物ではないとしている（関善明 2001）。また意図的にバリウムを投入する理由としては、それによりガラスを混濁させ、玉に似せるために使用したとの考察がある（后徳俊 2005他）。この問題に関しては、今後さらなる検討の余地があるだろう。

　現在、春秋戦国時代のガラス製作址は発見されておらず、また蜻蛉珠の製作と鋳造ガラス製品の製作がどのように関係するかも不明である。しかしガラス璧の分布や出土状況を鑑みると、戦国楚においては中国独自のガラス製品の生産が開始され、発達したと考えて問題はないだろう。

　20世紀後半から鉛同位体比により、ガラスの製作地を確定しようという試

みもなされている。Brill や山崎らの研究によると、中国の鉛バリウムガラスには、鉛同位体比の異なる鉛を用いた2種類が存在すると指摘している（Brill 1991、山崎 1987）。ここからも、少なくとも2箇所の製作の中心があったのではないかと推定される。また上述したように、遺物やその出土状況からみると、蜻蛉珠は河南や楚など、いくつかの地域で製作されていた可能性が考えられる。鉛同位体比の分析はそれを裏付けるものでもある。しかし、すでに殷周時代から広い範囲で原料や物資の流通があったため、単純に原料の産地の異同＝ガラスの製作地の異同とはいえない問題がある。近年、この鉛同位体比産地推定に新たな試みが行われており（新井 2000、斉藤 2003）、今後さらなる研究が待たれるところである。

一方、序章で述べたように、ガラスの成分分析とその検討については、さまざまな困難や問題を含んでいる。特に中国における20世紀代の分析値は、風化した表面の分析を行っているなどの点で問題が多く、分析結果の数値をそのまま製作時の原料配合として扱うことはできない。近年、中国でもその成分比から原料の配合を比較したり、原料を採取した製作地を考察する、といった試みが行われているが（后徳俊 2005、関善明 2001 他）、その分析値に問題があることは注意しなければならない。

（2）倣玉問題――ガラス璧製作の社会的背景――

バリウム混入の根拠でもあげられているように、ガラス璧やガラス剣具といった玉製品を祖型にもつガラス製品は、玉の模倣＝倣玉製品であり玉製品の代替品である、とこれまで捉えられてきた。しかしその色調や種類などから、単純に倣玉製品とすることについては疑問を禁じ得ない。倣玉か否かという問題は、当時の人々がガラス製品をどのように受け止めていたのか、という点について明らかにすることでもある。このガラスという新しい素材は、玉の代用品としての素材に過ぎなかったのであろうか？

これら鋳造ガラスの製作地は戦国楚の湖南地域と推定される。楚国の人々がガラスに何を感じてこれらガラス製品を製作したのか、以下圧倒的多数を占めるガラス璧に焦点を絞り、この問題について検討してみたい。

戦国時代の玉器の副葬

倣玉であるか否かを把握するには、この戦国時代の玉器の副葬の様相を把握する必要がある。玉器の副葬は新石器時代からの長い歴史があるが、戦国時代になると、伝統的な礼器としての玉器が葬玉の中に積極的に取り入れられ、新しい死生観に基づく葬儀が確立すると考えられている（町田 2002）。

副葬される玉器の種類をみると（林巳奈夫 1999）、春秋時代に引き続き璧と圭が出土するが、多くは璧である。玉製だけでなく、石製も多数存在する。これらは身体上、頭～胴体にかけて出土する例が多い。一度の副葬量は少なく、璧も圭も各1～2点出土する例が多いようである。佩玉も多数出土しており、環・玦・璜、龍形装飾、小型の動物像などがみられる。また、春秋以後特徴的な葬玉として、「幎目」に使用された玉がある。これは死者の顔を覆う「幎目」に、目・鼻を象った玉片を綴じつけた遺物で、この玉片を覆面玉札と呼んでいる。

戦国時期になると多数の玉璧で死者の上下を覆う副葬方法が王侯墓を中心に出現する一方で、礼制の動揺とその変化により、王侯身分が独占していた葬玉と佩玉の制度も崩れ、中小型の墓においても葬玉と佩玉がみられる、という変化が起こっている（岡村 2000 他）。

楚における玉璧とガラス璧の副葬状況

では、戦国楚における璧の出土状況はどのようであっただろうか。たとえば大墓である湖北随県曾侯乙墓の被葬者は、楚の属国の君主で、楚の影響を強く受けていた。この墓からは多数の玉璧や玉璜が出土しており、これは他の地域の王侯墓と同様の様相を示している。

楚文化の墓葬＝「楚墓」の研究では、しばしばその強い統一性が強調される。その中心地はいうまでもなく楚国の都が位置した湖北省西部の荊州市一帯と考えられ、実際に調査された墓総数からみてもこの地域は目立っている。しかし荊州市一帯の楚墓の内容と他地域の楚墓を比較すると、共通性が認められる半面、墓の構造や副葬品に地域ごとの特色も存在している（小澤 2006）。湖南を中心に出土するガラス璧の状況も、この地域性を強く示している。

湖南博物館の調査で発掘した約1300基の春秋戦国墓の一割からガラス製品が出土しており（これはガラス璧だけでなく、珠・少量の剣具と印、環を含めた数である）（周世栄 1988）、ガラス璧は中小の墓群から出土している。高至喜（1986）は、ガラス璧を出土した長沙等56基の墓の統計をとり、これらガラス璧を所有していた墓は士と平民に属しており、戦国時期の湖南ではガラス璧の使用が相当普遍的であったことがうかがえる、としている。

出土状況と出土遺物の詳細が判明している、湖南地域の墓3000基弱をみると、ガラス璧は中小規模の墓から出土し、その墓の副葬品は墓群全体からみると相対的に豊かなグループに属するといえる。男女の別はなく、出土状況が判明しているものは大半が頭部であり、他の地域やこれまでの璧の使用法と違いはない。これら中小規模の墓からも玉璧が出土しているが、その数はガラス璧に比べ少ない。玉璧を複数でなく、1点のみ副葬している墓が大半であるが、それらの墓の墓壙規模や副葬品をみると、ガラス璧を副葬している墓とほとんど差はみられない。また石璧も数は少ないが存在しており、その墓の内容は、玉璧やガラス璧を副葬した墓に比べ、劣っている（なお詳細については別稿を予定している）。

「倣玉」に対する問題点

ガラス璧は基本的に中小墓から出土し、その墓は中小墓の中では中〜上位層に属する様相をもっているといえるだろう。一方で大墓からは出土しておらず、士大夫階級における副葬品であることがわかる。このため倣玉製品と考え

られてきたのである。

　しかし、玉璧や玉製品を重視していたというのなら、より入手が容易と思われる石製璧や石製品が墓にみられない点に疑問が感じられる。これら石製品は華北地域ではよくみられるものであり、漢代では湖南地域の墓からも多数出土するものである。また中小墓にも玉璧を有する墓があるが、その数が1点である場合、ガラス璧を有する墓よりも上位の墓である、と単純にいえない様相を示す。

　ガラス製品の色調や、その種類に関しても疑問が生じる。玉は乳白色のものが最もよいとされているが、ガラス璧には緑色や青色のものが多数みられる。さらに璧以外の玉製品を祖型にもつ製品はほぼ剣具しかみられない。戦国時代に中原でみられる圭や、佩玉である璜・玦、覆面玉札といった玉製品の倣製品がみられないのである。これらはガラス璧の製造と同様に、鋳型鋳造で製作できるものである。なお漢代になると、葬玉の握・含、獣形玉製品、玉衣を模倣したと考えられるガラス衣など、多様な鋳造ガラス製品が、華北・華中・華南といった広い範囲で出土する。こちらは次章で取り上げる。

　さらに、この時期の記録にガラス璧を取り上げたと考えられる一文がある。「戦国策」（楚策一）に、「楚王車百乗を遣わしめ、駭鶏の犀、夜光の璧を秦王に献ず」と記されている。「夜光の璧」はガラス璧であるとこれまで度々指摘されている（原田 1936、周世栄 1988）。このように「夜光の璧」＝ガラス璧ならば、当時ガラス璧は他国に対する献上品として扱われるほど価値があったとみなされていた、と考えられるのである。

　以上を鑑みると、ガラス製品が単なる倣玉品であるとは言いがたい状況が浮かび上がっている。とりわけ玉璧とは異なる色調をもつ遺物がある点は重要である。色調を（ある程度）自由に変化させられる、というガラスならではの利点を生かし、玉とは異なる風合いを好んで選択し、製作していた状況がそこにうかがえるためである。それは単純に倣玉製品とはいえないものだろう。これらガラス璧は楚国の特色ある産品（夜光璧）として、当時の内外に広く名を知

られていた可能性もある。

　戦国時代は礼制が動揺し、葬送時におけるそれ以前の葬玉と佩玉の制度は崩れていた（岡村 2000）。そのような状況の中、新しい素材であるガラスで作られた璧は、楚、それも湖南の誇る産品として、より礼制にとらわれない士階級に人気を博した可能性がある。玉璧の少なさと、玉璧・ガラス璧が副葬された人々の墓にみられる身分の違いのなさは、玉璧が手に入る身分でもあえてガラス璧を副葬するという、楚の士階級における選択のあらわれではないだろうか。ガラス剣具も同様の意図をもって作られた可能性もある。一方で王侯など上層階級は、周代から続く礼制を継承し、より中原文化を踏襲する必要があっただろう。そのため、大墓においてガラス璧は副葬されなかったと考えられるのである。

　このようにガラス製品、特にガラス璧については、単なる倣玉品としての位置づけで捉えるのではなく、戦国時代の楚文化（の特に湖南地域）で作られ、玉璧とはまた異なった価値をもつものとして人々に受け入れられた、特色ある遺物として今後扱う必要があるのではないだろうか。

コラム　越王勾践剣と呉王夫差剣

　剣格は剣柄と剣身の交接となる部分であり、緑松石などによる象嵌も多い。その剣格にガラスが象嵌された剣が現在数振り出土している。特に耳目を引くのが、史記のエピソードで日本でも名高い、越王勾践（在位前496～前465年）と呉王夫差（在位前495～前473年）の銘入り銅剣である。

　越王勾践剣は戦国時期の大型楚墓である湖北江陵県望山1号墓から、発掘により出土した（図26）。剣の全長55.7 cm、身幅4.6 cm、剣格の両面に象嵌された文様があり、片方は緑松石が、もう片方はガラスが象嵌されていた。ガラス象嵌は2箇所残存している。浅藍色半透明で凹みに象嵌されており、両面の文様は似通っている。剣身に「越王勾践自作用剣」という銘文が刻まれている（湖北省文化局文物工作隊 1966）。呉王夫差剣は、河南省輝県の戦国墓中から出土したと考えられている。剣の全長59.1 cm、剣幅5 cm、剣格には両面に獣面の文様が施されており、片面

はガラスで、片面は松緑石で象嵌されている。このガラスは浅藍色で比較的透明度が高い。剣身に「攻呉王夫差、自作其元用」と銘文が刻まれている（崔墨林 1976）。

これらの象嵌されたガラスは内部に円形の気泡が観察されており、文様の鋳型を作りガラス種を入れて熱して成型した後、剣格上に象嵌されたと考えられる。この二振りの剣のガラスは分析によるとカリ硝石を原料としたカリ石灰ガラスであり（谷一 1999）、中国製ガラスと推定される。このタイプのガラスはこの時期には他に例をみない。

このガラス象嵌剣については謎が多い。両剣とも製作年代（春秋）と副葬された墓の時期（戦国）が隔たっている。また脆いガラスを剣格へ象嵌するということは、この剣が実用でなかった可能性がある。このため剣の製作年代とガラスの象嵌時期も隔たっている、という考えが主流である。すなわち、剣が製作された時点では剣格はすべて緑松石による象嵌だったものを、これらの剣が副葬されるまでのいずれかの時期、特に戦国時代に入り、ガラス鋳造技術が発展していた頃に、その修復の過程で各々ガラスが象嵌された、という説である。

しかし剣格の片面を緑松石、片面を似た色調のガラスを象嵌するという点で、呉王夫差剣と越王勾践剣は似通っており、またガラスの成分がこの時期に他に例をみないカリガラスであるという点から、この二振りの剣の象嵌が同時期に同工房で行われた可能性も想定される。呉王夫差剣は黄地（現在の河南省封丘県西南）で呉王夫差が大盟会を行った時に、河南の人物に渡った可能性があるとの考えもある（崔墨林 1981）。その場合、ガラス象嵌が行われた時期はこれ以前、すなわち春秋時代となる。戦国時代に例をみないカリガラスという点は、この説を後押しする。

現時点ではどちらの説も可能性があり、今後さらなる類例が待たれる。

図26　江陵望山1号墓　越王勾践剣

第2章　漢代中国のガラス製品と社会

　中国は秦の始皇帝の統一により戦国の混乱期が終息し、さらに始皇帝の死後、漢の高祖による統一で漢代に入る。前漢と後漢の間に新を挟むとはいえ、約400年にわたる統一帝国である漢帝国の間、社会は発展し、また他地域との交流も盛んに行われた。東アジア全体に眼を向けると、漢帝国に影響を受けて、朝鮮半島や日本において、国家への萌芽がみられる時期でもある。この時期、東アジアの他の地域で初めて出現するガラス製品もまた、これら社会の発達と交流に深く関わるものである。中国ではガラスが製作される一方、シルクロードの発展によって、遥か西方から器が搬入される。また漢帝国の影響とともに、朝鮮半島や日本へとガラスが伝播する。

　漢代のガラスの様相には、前代に比べさまざまな変化がみられる。まず多様な製品が国内で作られるようになったという点が、最も大きな変化であろう。葬玉・佩玉と呼ばれる玉製品をガラスで写したもの、帯鉤・耳当といった装飾品、実用的な製品である窓、そして器などである。一方で、消えたもの、少なくなったものもある。楚で特徴的であった剣飾は消え、また河南を中心にみられた蜻蛉珠象嵌も消える。さらに蜻蛉珠自体も非常に少なくなる。これらガラス製品の分布にも大きな変化がみられる。戦国時代においては、珠を除いて、ガラス製品は楚の領土と、河南・陝西・山東といった中原の一部地域から圧倒的に出土していた。これが漢代になると非常に広い地域からの出土がみられる。

　また漢代のガラス製品の様相は、大きく三つの流れに分けられる。まずは戦国時代からの流れを受け継ぐ、その組成が鉛バリウムガラスである鋳造ガラス製品である。これは漢文化が波及した広い地域から出土している。次にその組

成がカリガラスによる鋳造製品である。これは華南、特に両広地域（広東・広西）から出土しており、漢代以前にはみられないガラス組成と製品である。最後に西方のガラス製品である。前代同様に蜻蛉珠が大半であるが、ガラス器がごく少数であるものの初めて出現する。

　これら漢代のガラス製品やその製作には、漢代社会のさまざまな様相が反映されている。

1．葬玉・装飾品・窓

（1）ガラス製葬玉の展開

　前述したように、漢代では多様なガラス製品が製作されたが、その中心は葬玉であろう。中国では死者の埋葬にあたりさまざまな品物が副葬された。葬送のために作られ、死者の身辺に配置した玉製品、これが葬玉である。これらは本来玉で作られており、その起源は遥か新石器時代までさかのぼる。漢代では厚葬の風が発達するが、その中でこれら葬玉も多様に発達し、盛んに作られ、支配層の墓のみならず広く小規模の墓からも出土している。この葬玉をガラスで製作したものがガラス製葬玉で、まさに漢代を代表するガラス製品群である。その製作と副葬には、当時の人々の死や葬送に対する観念が映し出されている。これらガラス製葬玉には、九塞・璧・ガラス衣などがみられる。

九塞・握

　人の体にある外界とつながる九つの穴を塞ぐ装具を九（穴）塞という。漢代の葬送では常見されるもので、主に玉や石によってこの九塞が作られたが、ガラス製のものも多く存在している。

　死者の口に含ませる葬玉を「含」といい、漢代には蝉型の含蝉が定着した

(図27)。ガラス製含蝉は色調も玉を真似た不透明白色のものが最も多いが、黄・浅藍・浅緑色なども散見される点は興味深い。「鼻塞・耳塞・肛塞」は丸棒状や八角棒状、喇叭状などの形態が存在しており、前漢中期から全国的に普及し、前漢・後漢の大中墓では一般的な葬玉となっている（町田 2002）。ガラス製のものは玉製・石製と形状や大きさも同じである。色調は不透明白色のものが多い。「握」とは死者の手に握らせるもので、形態はさまざまである。豚は前漢前期よりみられるもので、握豚と呼ばれ特に後漢では非常に盛んとなった。ガラス製握豚は多数みられ、色調は不透明白色が多い。

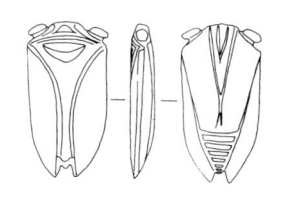

図27 河北陽原三汾溝M9墓ガラス製含蝉実測図

　これらガラス製九塞・握豚は鋳造によって作られており、分析されているものはすべて鉛バリウムガラスである。前漢から後漢にかけて漢帝国の支配した範囲から広く出土しており、漢代のガラス遺物の中でも、最も見されるもののひとつである。色調をみると、九塞は大半が倣玉的な白色不透明に作られている点が特徴といえよう。また形態も玉製品に倣い、その形態変化と軌を一にしている。これらを鑑みると、ガラス製九塞の使用者はより玉に似せたものを好んだと考えられる。つまり倣玉としての意識が強かったのではないだろうか。これは副葬された墓の墓主の人物像とも一致する。すなわち、王侯や高位の貴族の墓では、玉製の九塞が使用されていることが多く、一方でガラス製はより広い身分の墓から出土している。ガラス製九塞は玉製九塞に準じた扱いであったのだろう。とはいえ「玉蝉、琉璃蝉を使用できるのは卿大夫」（寧夏文物考古研究所他 2008）という指摘もあり、ガラス製九塞は、ある程度の身分以上の人物が使用したと考えられる。

璧

　漢代の上級墳墓において、玉璧はきわめて普遍的な葬玉として使用されてお

り、その数量は墓の規模で異なっているが、大中型墓の遺体の身辺に常見される玉器である（町田 2002）。漢代は厚葬の風がきわめて盛んとなり、前身を璧で覆うといった副葬もみられている。

　璧は玉製、石製、陶製などがみられ、ガラス製も戦国時代から引き続き存在している。しかしガラス璧の分布と数量に大きな変化が現れる。戦国時代では圧倒的多数が楚国の湖南地域で出土しているが、漢代では甘粛・山東・山西・陝西・安徽・浙江・江蘇・湖南・広東・広西と、漢帝国の版図から広く出土している。一方で現在までに発掘で出土している総数は 60 点弱であり、山西・江蘇・湖南・広東以外ではいずれの地域も 1～2 点、最も多い湖南地域でも 10 数点前後の出土で、戦国時代の出土総数に遠く及ばない。時期をみると、大半が前漢代の墓からの出土であり、九塞と異なり後漢になるとみられなくなる。代表的な璧として陝西茂陵出土璧、広西合浦望牛嶺出土璧、広東広州南越王墓出土璧などがある。

　陝西興平県茂陵付近　出土璧（図 28）　1975 年に茂陵（前漢第 7 代皇帝武帝の墓）付近より出土したもので、茂陵の陪葬墓に副葬された可能性が高い。文様は片面のみで乳丁文である。表面は風化により白色化しているが、断面は透明度の高い深い藍色を呈している。直径 23.4 cm・孔径 4.8 cm（茂陵文物保管所他 1976）。

　広西合浦県望牛嶺 2 号漢墓　出土璧（図 29）　前漢墓から出土した。文様は片面のみで方格文、青緑色で半透明を呈する。裏面には鋳造時にガラスが流れたような痕が残る。鉛バリウムガラスである。直径 13 cm、孔形 3.2 cm（NHK 大阪放送局編 1992 他）。

　文様は戦国時代から引き続き乳丁文や渦文がみられるが、漢代になると数は少ないが方格文もみられる。色調は戦国時代と同じく浅緑・深緑などの緑色系統が多く、その他青・藍色・黄色・乳白色などもみられる。一方、サイズは戦国時代の璧より大型のものがみられる。湖南から出土した戦国時代のガラス璧の最大のものは直径 15 cm 弱であるが、漢代の最大の璧である茂陵出土璧は

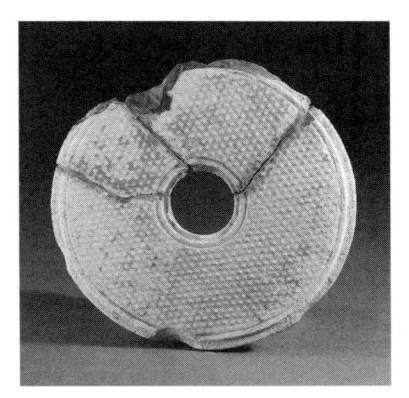

図 28　茂陵　ガラス璧

図 29　合浦望牛嶺 2 号漢墓　ガラス璧　(左：表　右：裏)

直径 23.4 cm と、大きな差がみられる。その背景には鋳造技術の発展があると考えられる。

またガラス璧の中には、単品で使用されたのではなく、箱型覆面という葬具にはめた形で出土したものも存在する。箱型覆面については後述する。

これらガラス璧を所持、または葬送に使用したのはどのような人々であったのだろうか。上野 (2003) は、長沙地域の前漢墓における副葬品を分析し、副葬品には玉璧とガラス璧が含まれており、玉璧を副葬した墳墓は明らかに優位

性が高く王族クラス、一方ガラス璧を副葬した墳墓はより小規模で優位性が低い、と結論づけている。

しかし、他の地域では、湖南長沙地域と異なる様相がみられる。前漢では広東・広西から多数ガラス璧が出土しており、広東広州南越王墓（前漢中期）でも多数のガラス璧が副葬されている。王侯階級が副葬品にガラス璧を選択していたことがわかる。また茂陵付近から最大級のガラス璧が出土しており、これは茂陵の陪葬墓から出土した可能性が高く、すなわち武帝に仕えた高官の副葬品であったと考えられる。一方でこの他様相の判明している広州の他の墓や山東臨沂金雀山墓などは、王侯など非常に高い身分の人々の墓ではない。

このように王侯や高官の副葬品のひとつとして出土することもあれば、それほど身分の高くない人物の墓から出土している場合もある。その様相は共通していると言いがたく、地域によって、時には地域の中でもガラス璧に対する認識が異なっていた可能性が考えられよう。璧は厳密にその身分を示し、支配者から下賜されたとされているが、実際に出土状況とその墳墓の被葬者をみてみると、少なくとも前漢においてはかなり地域差があるように思われる。ガラス璧は漢代の葬送制度のあいまいさや地域性を示唆する遺物であるといえよう。

ガラス衣と箱型覆面

死者の身体を玉で覆う葬具が玉衣である。全身を玉札で覆う全身玉衣と、頭部や手足を玉札で覆う部分玉衣が存在し、部分玉衣は全身玉衣の簡略形態であると考えられている。全身玉衣は漢代に現れたもので、漢代を通じて存続し、部分玉衣は前漢にのみみられるようである。前漢の中山国王劉勝の満城漢墓から出土した金縷玉衣、前漢の南越国王墓から出土した糸縷玉衣などは日本でも有名であろう。

前漢後期に、ガラスで作られた玉衣がみられる。使用された時間は短かったようだ。発掘により江蘇邗江甘泉老山「妾莫書」墓、江蘇邗江楊寿郷宝女墩104号墓、陝西西安財政干部培訓中心M33号漢墓から出土している。出土例

は多くはないが、漢代のガラスの製作や、葬玉の中におけるガラスの位置づけを考えるうえで、ガラス衣は非常に興味深いものである。

江蘇邗江甘泉老山漢墓（「妾莫書」墓）　前漢後期と考えられる墳丘のある中型単葬木槨墓から、ガラス札が600枚あまり出土した。ガラス札の形状は長方形・梯子形・三角形・円形など14種があり、長方形のものが最も多く、その寸法は長さ6.2 cm、幅4 cmである。形状により大きさはやや異なっているが、厚さはいずれも0.4 cmである。多くは無文だが円形と少数の長方形には片面に蟠螭文の陰刻文様がある。文様の一部に金箔が残る。札の隅には孔があけられ、その中に金属質（銅）をとどめているものがあり、銅線で綴じたと考えられる。表面は風化して灰白色になっているが、中心部は半透明を残しており小さな気泡が観察される。厚さは一定であり、鋳型による鋳造であることがわかる。また分析の結果、組成は鉛バリウムガラスであった。このガラス札は銅縷ガラス衣と考えて問題ないだろう。しかしガラス札の数量は多くなく、頭部あるいは上半身を覆う形状であった可能性が高い。

この墓は墓内から「妾莫書」銀印が出土しているため「妾莫書」墓と呼ばれている。盗掘にあってはいるものの、ガラス札の他に玉璧・玉璜・玉佩、漆器、銀印など多数の副葬品を出土しており、身分の高い人物の墓であったことがうかがえる。報告書では、墓の主人は女性で、漢王朝の一族である山陽王劉氏の家族の墓であったと推測している（揚州市博物館 1980）。

陝西西安財政幹部培訓中心33号漢墓　後漢中晩期とされるM33号墓からガラス札計79点が出土した。形態は長方形が70点あり、其の他不規則な五角形・円形・菱形がみられる。無文が最も多いが、柿蔕文・雲文・龍文が陰刻されているものもあり、文様内部に金箔をはめている。長方形は長さ5.8 cm・幅4.4 cm・厚さ約0.35 cm。全体的に厚さが揃い、規格性が高い。菱形と長方形方框紋以外は周囲に孔が1〜4点穿たれており、玻璃衣として使用されていたと考えられる。M33号墓は同時に調査された20基の漢墓中最も副葬品が多くみられ、この墓群の中心的な墓と考えられる（西安市文物保護研究所 1997）。

図30 邗江宝女墎104号漢墓　ガラス札

同じく江蘇省の邗江楊寿郷「宝女墎104号墓」は新の王莽期の墓であり、ガラス札19枚が出土している（図30）。墓主は女性で、当時この地域は広陵国であるが、広陵王の一族で長公主や大貴人の称号をもつ人物であり、「妾莫書」墓の墓主と同程度の身分であったと考えられている（揚州博物館他　1991）。

また、ガラス衣の可能性が高い遺物として、河北邢台南郊西漢墓から「妾莫書」墓と同様の衣片200余点が出土している（関善明　2001）。

これらガラス札は、いずれも長方形を主とし梯子形・三角形・円形・菱形などの形状をもち、その寸法は非常に規格的である。文様としては無文が最も多いが、蟠螭文・柿蔕文・雲文などがあり、文様には金箔をはめている点も似通っている。江蘇省出土の2例は前漢晩期から新王莽期、一方陝西出土の1例は後漢中晩期とやや時代が異なる。陝西西安の例は伝世の可能性もある。

この他、ガラス璧やガラス札を使用した葬具として箱形覆面（＝温明・面罩）がある。箱型覆面は死者の顔を覆う葬具のひとつである。長方立体の2面をあけた木製の箱を人の頭部から胸部にかけてかぶせる覆面で、箱の内外に玉札・ガラス札・銅鏡をはめこむのが特徴である。前漢中期以降にみられ、特に前漢の後期から後漢の前期に多く、また江蘇省北部で集中的に発見されている。

ガラス札を使用した箱型覆面としては、江蘇東海県尹湾漢墓群M6墓（連雲港市博物館　1996）や山西陽高県古城堡12号墓（東方考古学会　1990）から出土したもの（図31）などがあり、いずれも前漢後期から新王莽期のもので江蘇省を中心に出土している。東海県尹湾の箱型覆面は、木製の箱の中央に直径17.3cmのガラス璧を配し、その周囲に長方形・璧形・半円形・梯形などのガラス

図 31 陽高古城堡 12 号墳　箱型覆面再現図

札を象嵌したもので、ガラス札の表面には異なった図案を陰刻し、文様内に金箔をはめている。墓主は紀元前 10 年に埋葬されており、東海郡の重要な官吏であったと考えられている。町田 (2002) は、ガラス衣片とされている一部は、このように箱型覆面に象嵌されたものであったのではないかと想定している。

　ガラス衣は江蘇省と陝西省から出土しているが、その特徴が非常に似通っている。特に江蘇省の 2 例は出土時期が前漢晩期〜新王莽期と限られている点、さらに墓主の身分の高さから鑑みても、おそらく同一の地区・工房で作られた可能性が高い。またガラス札が使われる箱型覆面も同時期に江蘇省で数例出土している。そのガラス札の特徴は類似しており、ガラス衣と同一の地区・工房で作られた可能性が考えられる。箱型覆面にはガラス璧も使用されている点を考えると、その工房では単にガラス札を作っていただけではなく、ガラス璧も製作されていたと考えるべきだろう。これら江蘇省で出土したガラス衣・ガラス璧の工房は江蘇省にあった可能性は高い。

　一方で、ガラス衣や箱型覆面は山西省や陝西省など他の地域でも出土している。ガラス札をより詳細に検討する必要があるが、他の省で出土したガラス札が江蘇省のものと同一であるならば、それらは江蘇省で製作されたものが、他

の地域にもたらされた可能性があろう。この時期の生産体制などを考えるうえで興味深い事象である。

　これらガラス衣は、玉衣とどのような関係があるのだろうか。まずガラス衣は文様がある点が特徴的である。一方、玉衣は大半が無紋であるが、同じく前漢後期の墓からは、玉札に文様が彫刻された玉衣も発見されている。この玉札は柿蔕文と雲文などを陰刻し、金箔をはめた痕跡がみられる。河北省・山東省などの前漢後期墓から出土しており、河北邢台市北陳村西漢墓と山東五蓮張家仲崮4号漢墓は金糸玉衣が想定され、河北隆堯固城漢墓は箱型覆面の部材が想定されている（町田 2002）。いずれの墓の墓主も王侯クラスであり、文様・金箔入りの玉札の使用者は非常に身分が高い人物であったことは疑いない。

　玉札とガラス札の文様は非常に似通っており、また文様に金箔をはめるという点も共通している。出土例は西安の1例以外、前漢後期～新代に属しており、これら文様のある玉衣の製作と文様のあるガラス衣の製作は、何らかの関係があると考えてよいだろう。しかし、文様のある玉衣は河北省・山東省から出土しており、一方ガラス衣・札は江蘇省を中心に出土している。地域的な隔たりの謎も含めて、今後さらなる検討が必要であろう。

　では、これら被葬者がガラス衣を身にまとっていた理由は何であろうか。玉衣の代用品であったのだろうか。町田（2002）は被葬者が婦人なので、夫よりも1級格下げしたため、ガラス衣を使用したのであろうと解釈している。

　玉衣は死者の身分によって決まっており、金縷玉衣、銀縷玉衣、糸縷玉衣は王侯クラスの装具であった。しかし「漢書」などにみられる玉衣の礼制は、前漢の出土品は規定に合わないものもあるため、その厳密な制度化は後漢に行われたと理解されるものである（吉開 1998）。

　江蘇省の「妾莫書」墓と宝女墩104号墓から出土したガラス衣の被葬者は女性で、王の一族など非常に高貴な身分の大貴人・長公主と考えられている。「後漢書」礼儀志下によると、大貴人・長公主の「玉衣」には銅縷を用いることが決められている。玉衣の制度は厳密でなかったにせよ、ガラス衣をまとっ

た被葬者はその身分から、玉衣がふさわしい人物であったといえよう。すなわち礼制からは玉衣を身につけるべき、もしくは玉衣を身につけてもかまわない身分であったのだが、あえてガラス衣が被葬者のために選択された可能性がある。単に玉より格を落とす、という意味ではなく、女性という性別もまた関係しているかもしれない。

　ガラス衣の出土例は非常に少なく、当時も珍しいものであったろう。そのような珍品的な状況下では、玉衣の制度体系の中にガラス衣の定まった位置づけがあったとは考えがたい。またガラス衣も含めガラス札の出現期間は長くなく、さらに狭い地域における分布という特徴をもつ。そういった点を鑑みると、玉衣の制度体系から外れた、地方の流行的な葬玉であった可能性があろう。

葬玉ガラス全体の特徴とその製作

　以上、ガラス製葬玉を概観した。共通していえることは、本来玉製品が原型としてあるという点である。その副葬のあり方も玉製葬玉と同様であり、その範疇に含まれるものである。これら葬玉は、これまで分析されたものはすべて鉛バリウムガラスで、鋳造品であった。後述するように、この時期にはカリガラスも存在しているが、カリガラスによる葬玉はない。これは注目すべきことである。

　これらガラス製葬玉の製作地はどこであろうか。分布をみるとかなり広範囲にガラス製品が広がっているが、その中で中心地と思われる場所がいくつかある。すでに述べたように、江蘇省など分布の中心的な地が製作地のひとつではないかと考えられる。湖南は出土点数が多いものの戦国時代の突出した様相を失い、江蘇省・河南省・陝西省・広東省といった地域もガラス製品が多数みられる。そのように分布の中心が拡散した背景には、戦国末期の混乱により、楚や、また中原のガラス職人が各地に移住した可能性も考えられる。

　ガラス製葬玉と玉器生産との関連性については、検討すべき問題であろう。前漢の中頃までは、各種玉器の組みあわせ、そのつくりに地域的特徴が目立

つ。地元での玉器生産を示す証拠もあり、前漢半ばまでは、各地方でも玉器が積極的に製作されていたと考えられる。しかし後漢になると、多くの葬玉が定型化している。またこの時期には中央の官営工房では西域からもたらされた大量の玉材を加工し、各地に配布したことが推測されている（吉開 1998）。玉衣をはじめとする葬玉の制度も厳密に行われるようになった。玉器の製作が中央のコントロール下にあったことがうかがえる。

前漢代では多様に展開したガラス製葬玉だが、後漢になると璧やガラス衣はほとんどみられなくなり、九塞中心となる。これは葬玉が定型化し、官の統制がとれてきたことと無縁ではないだろう。

前漢代においてガラス製葬玉は玉器同様に、いくつかの地域において生産されていたと考えられる。その地域的な様相は、ガラス衣やガラス璧の出土状況と一致する。となるとそれら地域的な様相がなくなり、玉器と同様のガラス九塞が作られた後漢代においては、その製作はやはり玉器同様に、中央の官営工房や少なくともそのコントロール下にあったのだろう、と推測される。制度が厳密になる中で、序列が難しくかつ地方的なガラス衣やガラス璧は消え、九塞だけが残った可能性も考えられる。

ガラス製葬玉のもつ意味

原型が玉製品であるという点から、これまでガラス製葬玉全体が倣玉製品として捉えられてきた。すなわち玉の模倣であり、玉製品より下位に位置づけられるものであり、玉を手に入れない身分のものが入手していたという認識である。

この認識は、葬玉の種類によって異なっているといえよう。ガラス製九塞は倣玉的な位置づけにあり、一方ガラス璧やガラス衣は単純に倣玉製品として捉えることが難しい様相である。それぞれの製品をもつ階層も異なっており、九塞と璧、ガラス衣の使用およびそれらを副葬した人物の階層や意図は別々に考えるべきであろう。

色調や形態がより倣玉的であるガラス製九塞は大量生産品であり、墓主の身分もより広い階層にわたっている。ガラス製九塞は玉製九塞に準じた扱いであったのだろう。これは漢代を通じてみられるものである。おそらく玉製品の代わりに副葬するという認識はあったと考えられる。まさしく倣玉製品といっていい。

一方で、色調がバラエティに富むガラス璧や、細工の細かいガラス衣や箱型覆面は特注品であったと考えられる。璧は幅広い身分の人々に、ガラス衣は主に王侯階級の人々に副葬されている。上述したように、玉衣を選べる身分の人物に、あえてガラス衣を選択した可能性もありえる。このような状況は、葬玉の規制がまだ厳密でない中、より地域的なガラス製葬玉に対する流行や好みが存在したことをうかがわせる。それは単なる「倣玉製品」といえないものであろう。

ところで古代エジプトから現代に至るまで、宝石の模倣品としてガラス製品はよく使われている。しかしそのような使用法と、倣玉としてのガラス製葬玉の使用を同様に捉えるとしたら、それは大きな間違いといえる。

葬玉はただの飾りではなく、死者に対して効力があったと考えられていたものである。葬具に玉を使用し身体を覆う理由は、玉は遺体を保全し昇仙する効用がある、と当時の人々が考えていたためである。その葬玉をガラスで製作するということは、同様の価値をガラス製葬玉に見出していたと考えられる。すなわち、当時の人が「ガラスもまた玉と同様の効力を備えており、玉のもつ役割を果たすことが可能である」と考えていた、と理解することができよう。単に玉とそっくりに作ることが可能であるという理由だけで当時の人々がガラスで葬玉を製作した、と捉えると、彼らがガラスに付与した意味を見失ってしまう。彼らにとってガラスは単なる代替素材ではなく、玉と同様の、ある種呪術的な力を内在している素材である、と認識されていたのではないだろうか。このような点を鑑みるとガラスは単なる倣玉品とは言いがたいのである。

そこから考えると、玉に似せた色調をもたないガラス璧が製作されたことも

また納得できるものである。ガラスが玉と同じ力をもつものであれば、玉の色調を真似なくでも、あえて玉と異なる好みの（カラフルな）色調を選んでも、その力の発揮に問題ないと考えたのではないだろうか。

（2）ガラス製装飾品

漢代の墓から、身を飾る装飾品が多数出土しているが、その中にもガラス製品がみられる。戦国時代から存在する中国独自の製品をガラスに置き換えたものも多数出現しており、この時期のガラス製作の多彩さを物語るものである。当時の人々が生前から愛用していたのであろう。漢代以前からある小玉や蜻蛉珠の他に、耳当・帯鉤などがみられる。

蜻蛉珠

蜻蛉玉は戦国時代が最盛期で、漢代の墓からの出土数は非常に少ない。国内で作られたと考えられる鉛バリウムガラス製の蜻蛉玉が大半であるが、特に新疆などで出土している珠には西アジア製のものもみられる。

帯　鉤

ガラス製の帯鉤は珍しく、出土例は少ない。二種類出土している。一種類は漢代に常見される帯鉤と同形態で、帯鉤全体をガラスで鋳造製作したものである（図32）。出土例は現在すべて広東省広州の墓で、墓の時期は前漢中期である。緑色や黄色を呈し、無文で透明度が高い。他の地域ではみられず、この時期に広東で作られたと考えられる。帯鉤という力のかかる場所に脆いガラスを使用しているという点から、これらガラス製帯鉤は実用品とは言いがたく、葬具であった可能性もある。

もう一種類は、同じく広州の南越王墓から出土したもので、時代は前漢中期である（図33）。金メッキを施した銅枠に緑色の板ガラスをはめこんだもの

図32 広州横枝崗1号漢墓　ガラス帯鉤

図33 南越王墓　ガラス板製帯鉤

で、他に例をみない。板ガラスの使用法としても興味深いものである。板ガラスは緑色で透明度が高く、分析によると鉛バリウムガラスである（広州市文物管理委員会他 1991）。

動物飾り

　小型の動物形の玉器は漢代以前から存在している。小孔が穿たれており、佩玉として吊り下げて使用していたと考えられている。漢代でもこのような小型の動物形の佩玉は男女とわず墓から出土している。ガラス製のものは漢代になって初めて出現する。種類としては羊が多く、その他虎・獅子・鴨などもみられる。色調は青色・藍色を呈し、鋳造によって作られている。成分分析されたものはすべて鉛バリウムガラスであった（李青会 2005b）。河南、河北、江

蘇、貴州、内蒙古、北朝鮮（楽浪郡）などから出土している。

耳　当

耳当は戦国時期に流行し、漢代にも常見される小型の耳飾りで、耳たぶに孔をあけてそこにはめていたと考えられている。耳当内部に孔があいているものは、そこに金属や糸などを通し、さらに珠を下げるなどして使用していたのであろう。大半が墓から出土したものであるが、葬具というよりもおそらく生前から使用していたものである。

耳当の形態は何種類かあるが、特に腰鼓型といわれるものが、最も常見されるものである（図34）。ガラス製のものが多く、瑪瑙製・琥珀製などもみられる。腰鼓型のガラス製耳当は漢代に出現し、前漢後漢を通じて広く漢の支配した地域に非常に多数みられるものである。漢代を代表するガラスの装飾品といえよう。出土地域は、前漢代では遼寧・河南・陝西・貴州・湖南・内蒙古に出土例があり、後漢代では寧夏・河南・陝西・湖北・湖南・内蒙古・甘粛・青海・四川・貴州・広西・広東・楽浪郡と非常に広い範囲から出土例があり、後漢代に特に広く流行していたことがわかる。色調は青色または藍色が主で非常に多く、緑色もみられる。表面は滑らかに研磨されており、透明度が高い。特に青色・藍色のものは風化が少ない点が特徴的である。鋳造によって製作し、研磨して仕上げたものである。

この腰鼓型耳当の非常に興味深い点は、二種類の組成のものが存在する点である。すなわち鉛バリウムガラスのものと、カリガラスのものが存在するのである。甘粛酒泉からは両タイプが出土しており、これらは一見しただけでは区別がつかない。藍色のもの、また風化がわずかなものにカリガラスが多いよう

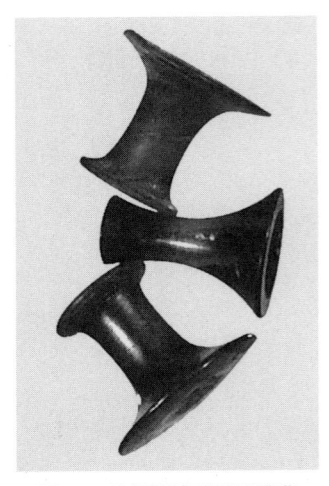

図34　貴州清鎮琊瓏壩漢墓
　　　ガラス耳当

であるが、大多数は分析が行われていないため、不明である。

　後述するが、中国南部の両広地区（広東・広西）でカリガラスの器が製作されていると考えられることから、同様の組成をもつカリガラスの耳当もまた両広地区で製作された可能性が高い。この地域ではカリガラスの珠や耳当、そして器といった装飾品・実用品を製作していたと考えられている。一方両広地区では璧をはじめとする葬玉が多数出土しており、これらもまた当地で製作していた可能性がある。鉛バリウムガラスの耳当の製作地が両広地区であったのか、または他の地域であったのか。これを検討することは、当時の流通の問題にも関連があり、非常に興味深い。

　ところで、この両広地区をはじめ各地でみられる葬玉はすべて鉛バリウムガラス製であり、カリガラスによるものはみられない。一方、耳当という装飾品には両方の素材が使用されている。葬玉に対する意識や製作工房の問題を考える上で、こちらも興味深い。

　耳当や帯鉤はどちらの組成のガラスで製作したにせよ、より透明度を高くした製品であったという点は、それ以前のガラス製品と大きく異なっており、注目に値する。後述するが、前漢中期以降になるとガラスの透明性を生かしたガラス器が出現しており、その背景には西方からもたらされた透明なガラス器の影響があったと思われる。これら透明度の高いガラスを使った装飾品もまた、西方の製品の影響下に出現した可能性があろう。

　このような透明なガラス製品の登場とその展開は、漢代のガラス製品の特徴のひとつといえる。次にあげる、建築部材としてのガラス板もまたその範疇に入るものである。

（3）ガラス窓の出現——ガラス板の利用——

　現代において、「透明で、光を透す」というガラスの特徴を最もよ利用している製品は、間違いなく窓ガラスであろう。西方では古代ローマ時代にはすで

に窓ガラスが登場していた。紀元78年にヴェスビオス山の噴火により埋もれたポンペイの公衆浴場の窓からは窓ガラスが出土しており、上流階級の住宅などにしばしば使われていたことが、文献・出土資料両方から知られている。

一方、中国では出土資料はないが、文献から漢代の建物の窓や扉にガラスを使用していたことが知られている。後漢の班固（後132〜192年）が書いたとされる「漢武故事」は漢の武帝（前141〜前87年）の故事を集めたものである。この中で「（武帝の建てた神明殿の）扉や屏風は悉く白き琉璃をもって作られており、光まばゆく家の奥まで照り輝いた」と述べられている。また前漢の劉歆によるといわれる「西京雑記」には、前漢最後の皇帝である成帝（前32〜前7年）の昭陽殿に関するエピソードが記されている。「趙飛燕（成帝の皇后）の妹は昭陽殿に住む。（中略）窓と扉の多くは緑の琉璃で、（光が部屋の中に）達して照らし、一本の毛髪も隠すことができない」。このようにすでに前漢代には宮殿などの重要な建物において、窓や扉にガラスを使用した様子がうかがえる。これまで扉や窓を閉めると暗くなってしまった室内でガラスを使用して採光できたことは、非常に画期的であっただろう。「毛髪不得蔵焉（髪の毛も隠すことはできない）」という記述は、当時の人々の驚きを生き生きと伝えている。

実際どのような窓や扉であったのだろうか？ すでに取り上げたガラス衣やガラス璧のように、平らなガラスの製作は漢代には盛んに行われていた。また透明度の高い板ガラスとして、南越王墓の帯鉤に使われた緑色透明の板ガラスも存在している。しかし、大きなサイズの板ガラスを作る技術があったかは疑わしい。ここから鑑みると、現在の窓ガラスのような大きな一枚の板ガラスではなく、格子状などに仕切られた窓や扉の建具に小さな板ガラスをはめこむ、という方法をとったと考えられる。当時の中国では無色透明のガラスを作る技術はなく、使用したガラスは他のガラス製品のような緑色や乳白色の色調を帯びていたと考えられる。「扉や屏風は悉く白き琉璃」「窓と扉の多くは緑の琉璃」という記述は、まさに当時の様子をうかがわせる。これら窓ガラスが使用され

た建物は宮殿であり、一般の貴族の邸宅で用いられてはいないようである。これら建物に使用されたガラス板は、皇帝が直接命じて官営の工房で作らせたものであろう。もちろんその組成は鉛バリウムガラスであったと考えられる。

このような窓や扉にガラスを使用して採光する、というアイディアは中国独自のものであっただろうか。璧や蜻蛉珠といった戦国時代までのガラス製品は、ガラスの透明性を生かすものではなく、漢代で盛んに作られたガラス製葬玉も同様である。そこから透明性を生かした窓ガラスという発想にたどり着くことは、困難ではないかと思われる。一方、漢代では両広地区において透明なガラス器や装飾品が作られていたが、これは西方の透明なガラス器が伝来した影響によるものではないか、と考えられる。

透明なガラス器を製作していた古代ローマでは、窓ガラスが使用されていたことはすでに述べた。また古代ローマのプリニウスは「博物誌」（第36巻46章）の中で「アラビアでもガラスのように透明な石があって、窓ガラスとして用いられているという」と述べている。漢の武帝と成帝は、前2世紀中頃〜前1世紀の人物であり、プリニウスよりやや早いが、すでにこの時期の古代ローマやアラビアなどの西方の文化では、「窓ガラス」というアイディアが存在していた可能性がある。漢の武帝といえば、後で述べるようにシルクロードを開通させた人物として有名であり、漢代以降東西の交流は活発化した。シルクロードを通じて、西方のガラス製品だけでなく、西方におけるこの「窓ガラス」というアイディアが、はるばる伝えられた可能性は十分あるだろう。

2. ガラス器

漢代以降にみられるようになったガラス製品として器があげられる。器、というと実用品であるが、この時期は奢侈品としても捉えられよう。ガラス器は主に墓から出土しており、点数は多くはないが、その中には戦国時代からの中

国独自のガラスである鉛バリウム製ガラス器、漢代に新たに出現したガラスであるカリガラス製ガラス器、そして西方に起源のあるソーダ石灰ガラス製ガラス器がみられる。これら三種類の異なる組成のガラス器が存在する背景には、漢社会の新たな様相が存在する。まずはそれぞれのタイプのガラス器を検討したい。

（１）鉛バリウムガラス製の器

　すでに述べたように、漢代ではその領土の広い範囲でガラス製葬玉や装飾品などが多数みられ、鉛バリウムガラスによるガラス製品の生産が盛んであったことがわかっている。しかし鉛バリウムガラスのガラス器の出土は、わずかに以下の２例を数えるのみである。

　江蘇徐州北洞山楚王墓　ガラス杯（図35）　前漢の大規模な洞（石）室墓で、多数の副葬品の中からガラス杯16点、蜻蛉珠3点、頭部の欠けたガラス獣1点が出土した。杯は2点がおおよそ完形で、残りは壊れていた。いずれもほぼ同じ大きさで、口径は8.3〜8.5 cm、高さは8.2〜9.9 cm、厚さ0.25〜0.4 cm。形態は筒形で平底。表面は滑らかで光沢があるが内面は比較的粗く、また気泡の抜けた小孔が散見される。色調は淡緑色で不透明。鋳造後研磨したと考えられる。寸法に各々微妙に差異があるため、一点一点異なる鋳型で製作されたのであろう。口縁の下、胴部の中ほどと下部に凹んだ筋が3本あり、金環がはめてあったのではないかと推測されている。分析によると鉛バリウムガラスである。

　この墓は中山靖王墓や南越王墓などの王族墓と同等の規模と特徴をもち、墓主は金縷玉衣を着ていた。報告書では、被葬者を楚王劉道（在位前150〜前129年）と推定している（徐州博物館他 2003）。

　河北満城中山靖王劉勝墓　ガラス耳杯・ガラス盤（図36）　前漢（前113年）に葬られた王族墓から、盤と耳杯が出土した（中国社会科学院考古研究所他

図 35　徐州北洞山楚王墓　ガラス杯

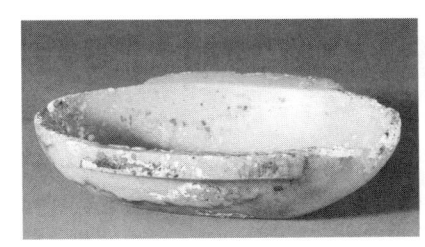

図 36　満城中山靖王劉勝墓　左：ガラス耳杯　右：ガラス盤

1980)。盤は直径 19.7 cm、底径 9.5 cm、高さ 3.2 cm。口縁は少し外に張り出し、胴部は平底の底部にかけてややすぼまる。耳杯は長さ 13.5 cm、幅 10.4 cm、高さ 3.4 cm。器身は楕円形で、平底の底部にかけてすぼまる。両側に耳が付いており、やや上部に反っている。漢代の典型的な耳杯と同じ形態をもつ。いずれも表面はよく研磨され、わずかに光沢をもつ。また気泡の抜けた小孔が散見される。色調はやや青みがかった淡緑色を呈し、不透明。鋳造後研磨したと考えられる。この二点は色調・技法ともに同一である。他に類例はなく、ほぼ同時に製作されたと考えられる。分析によると鉛バリウムガラスである。

　耳杯をはじめいずれのガラス器も、中国の伝統的な器の形態をガラスに写したものであり、中国独自のガラス器といえる。ガラス器が出土した墳墓はいずれも王侯クラスであり、これらガラス器が特注品である可能性が高い。また江蘇省からガラス杯 16 点が出土した点は興味深い。江蘇省はガラス札など多数

の特徴あるガラス製品が出土しており、当地域でガラス製作が行われていたと考えられる。この墓は多数のガラス製品が出土している、前漢後期～新の時期より早いものではあるが、このガラス杯が当地で作られた可能性は十分に考えられる。

（2）カリガラス製の器と両広地区

中国の南方、両広地区（広東・広西）では、漢代を通じて多数のガラス器が墓に副葬された（表3）。両広地区では碗・杯・盤の三種の器が出土しており、広東からは碗3点、広西からは杯または碗14点（うち脚付杯2点）・盤2点（黃啓善 2006）が出土している。なお碗と杯の区別は人により異なるが、広西

表3　漢代の両広地区出土ガラス器

地域	時期	出土遺跡	遺物名
広西省	前漢	貴県風流嶺 M2 西漢墓	藍色圓底杯1・脚付杯残片
	前漢晩期	合浦県環城郷母猪嶺 M1	天藍色盤1
	前漢晩期	合浦県環城紅頭嶺 M34	深藍色圓底杯1
	前漢晩期	合浦県紅頭嶺 M11	藍色圓底杯2
	前漢晩期	合浦県文昌塔 M70 西漢墓	淡青色圓底杯1
	王蒙新	合浦県環城黄泥崗 M1	天藍色圓底杯1
	後漢	貴県汽車路 M5 東漢墓	藍色圓底杯1・青緑色盤1
	後漢	貴県東郊南斗村 M8 東漢墓	托盞脚付杯1
	後漢	合浦県風門嶺東漢墓	深藍色杯1
	後漢	貴県火車駅東漢墓	緑色圓底杯1
	後漢	貴港市孔聖嶺 M12 東漢墓	藍色圓底杯2
	漢代	貴港南梧高速公路 M12	藍色圓底杯1
広東省	前漢中期	広州横枝崗西漢墓 M2061	深藍色碗3

注）黃 2006 によると、出土例はこの一覧より増加している。

の遺物に関しては黄啓善（2004、2006）の表記に従った。また広西出土ガラス器の寸法も黄啓善（2006）による。

広東広州横枝崗 M2061 墓　ガラス碗（図 37）　碗が 3 点出土した。この墓はガラス璧を共伴している。浅い碗型で口縁に向けてやや広がる形態をもち、平底。口縁の下に 1 本の凹んだ弦文をめぐらす。内壁外壁ともによく磨かれている。深藍色半透明を呈す。3 点の大きさはほぼ同じである。口径 10.6 cm、底径 4 cm、厚さ 0.3 cm（広州市文物管理委員会他 1981）。鋳型による鋳造製作である。分析によるとソーダ石灰ガラスであった（関善明 2001）。ソーダ石灰ガラスであるところから、この時期に地中海を中心にみられる、西アジア製の鋳造ガラスと考えられる。

広西合浦文昌塔 M70 西漢墓　ガラス杯（図 38）　前漢晩期の土壙墓から出土した。口径 7.4 cm、腹径 8.3 cm、高さ 5.2 cm。胴部は外に膨らんでおり、胴部中央に四本の突起文をめぐらす。口縁は少し外側に広がり巻いている。円底で、底は内側にやや凹んでいる。器壁は厚い。色調は淡青色を呈し、半透明。表面は滑らかに磨かれている。また内部・外部ともに水平に磨研痕がみられる。気泡がみられ、気泡の抜けた痕も散見される。鋳型による鋳造後研磨により製作されており、胴部の突起は鋳型に彫りこまれたものを鋳造後に研磨してよりはっきりとさせている。分析によるとアジア系のカリガラスである。

広西合浦環城郷母猪嶺 M1 漢墓　ガラス盤（図 39）　前漢の磚室墓から出土した（図 39）。口径 12.7 cm、高さ 2.5 cm。直口平底で器壁は底のほうに向かってしだいに厚くなっている。口縁部の外側に 1 本の凹線文をめぐらす。器壁は厚い。色調は淡青色を呈し、わずかに透明。表面は滑らかで研磨されており、また気泡の抜けた痕が散見される。内部には多数の同心円の研磨痕がみられ、円圏文としている。鋳型による鋳造後研磨により製作されている。

広西貴県南斗村 M8 東漢墓　盞托脚付ガラス杯（図 40）　脚付杯と受け皿からなる。いずれも色調はやや緑色を帯びており、非常に透明度が高い。気泡はほとんどみられない。一面に細かな割れ目がみられるが、意図的なものであるかは

図37　広州横枝崗 M2061 墓　ガラス碗

図38　合浦文昌塔 M70　ガラス杯

図39　合浦環城郷母猪嶺 M1　ガラス盤

図40　貴県南斗村 M8　盞托脚付ガラス杯

図41　南陽市南陽大学 25 号墓　ガラス杯

不明。脚付杯はワイングラス様を呈している。口径6.4 cm、足底径5.3 cm、高さ8.4 cm。直口で、口縁部は少し外に広がっている。口縁直下に二本の凹線文をめぐらす。胴部はやや膨らみ、胴部中央に三本の突起文をめぐらす。突起は鋳造後によりはっきりと削りだしている。脚部は円柱形の柄と圏足である。杯部・脚柄部・脚台部をそれぞれ別に鋳造し、研磨整形後、溶着したものと考えられる。杯部をみると、脚部を除く高さは約5 cmで脚のない他の杯と同様の作りである。受け皿は径12.4 cm、高さ2.4 cm。口縁が外に広がり、平底である。内部の中央に多数の同心円の研磨痕がみられ、円圏文としている。成分の化学分析はされていないが、杯の胴部と皿の形態などから、一連の両広地区のガラス器と同様カリガラス製と考えられる。他のガラス器と比べると透明度が非常に高く、また全体的に薄手であり、一連のガラス器の中でも際立ったものである。

近年、河南南陽市で、両広地区のものと似た形態をもつガラス器が2点出土した。

河南南陽市陳棚村68号漢墓　ガラス杯　前漢晩期の墓よりガラス杯が出土した。口径6.2 cm、底径3.0 cm、高さ3.4 cm。直口で胴部はやや張り出しており、平底である。口縁の下に2本の凹線（弦文）がみられる。色調は淡青色で透明度が高い。気泡が散見され、鋳型による鋳造後研磨して製作したと考えられる。その形態は両広地区でみられるカリガラス器と相似であり、こちらも分析からアジア系のカリガラスであることがわかっている。この墓は竪穴土壙墓で規模も大きくはないが、ガラス杯が出土している点から、墓主は一定の地位の人物あるいは上層貴族ではないかと報告者は推測している（河南南陽市文物考古研究所 2008）。もう1点は南陽大学25号墓から出土しており、こちらもその特徴からカリガラス器と考えられる（図41）（東京国立博物館他 2010）。

両広地区のガラス器の特徴

この両広地区から出土したガラス器は、共通した特徴をもつ。まずすべて鋳

型を使用して鋳造により製作されているという点があげられる。

　形態でやや異なるのは、時期的に最も早い広州横枝崗出土の碗である。他の杯や器に比べ高さがなく、器壁は薄い。また胴部は凹んだ弦文が1本みられる状態である。分析によると、西方系のソーダ石灰ガラスであった。この碗は西方製と考えられる。

　一方、これ以外のガラス杯と碗は、より共通した特徴をもつ。胴部はやや膨らみ、胴部中央または口縁よりに2～4本の線文がみられる。装飾兼滑り止めと考えられる。これは鋳造時に鋳型に彫り込んであったものを、鋳造後にさらに研磨により削りだして、よりはっきりと際立たせたものである。脚付杯の杯部も同様に胴部中央に突起文がみられる。鋳造後には研磨しており、これらの内部には同心円の研磨痕がみられる。全出土例は口径5.8～10.7cm、腹径6～9.7cm、高さ3.2～7.5cmで、とびぬけて大きいものや小さいものはみられない。器壁は脚付杯を除き厚めである。色調は青、淡青、青緑、紺、濃紺といった青・緑色系統を呈し、非常に透明度が高い。分析されたものは、カリウムを12～17％含むカリガラスであり、中国製と考えられている。

　盤（皿）の点数は少なく、2点である。杯に比べると透明度が低く半透明で、口縁部外側に1本の凹線文をめぐらしている。鋳造後に研磨しており、内側は同心円の円圏文がある。一方脚付杯の受け皿は、透明度の高さ、やや薄手である点、そして口縁が開く形態で他の2点と異なっている。しかし同心円の円圏文がある点は、杯や碗との同一技術による製作を示している。盤と脚付杯の受け皿のサイズは、口径12.4～12.7cm、高さ2.4～3.4cmとほぼ同じ大きさである。その色調は青・緑色系統を呈する。

　以上のように、広州横枝崗出土碗以外は、碗・杯と皿は形態に各々共通した特徴をもち、サイズも偏差はあまりない。また円圏の研磨痕と円圏文が全体的な特徴となっている。鋳型による鋳造・研磨という製作技法と、胴部に条文が入るという点は横枝崗の碗も含めて全体的に共通している。組成をみると、広州横枝崗の碗だけソーダ石灰ガラスであり、それ以外は現在分析されたもの

は、カリウムを 12～17％含むカリガラスであった。

時期的には広州横枝崗出土の碗が比較的早く、前漢中晩期である。広州合浦出土のものは前漢晩期を中心に後漢にわたり、貴県出土のものは前漢から後漢にわたるが後漢が中心である。前漢後期以降の器形の特徴と変化に関しては、前漢から後漢の間で大きな変化はみられない。

カリガラスの源流

中国にみられるカリガラスは、当初戦国時代後期に雲南江川や湖南長沙楚墓などから珠が出土しており（干福熹 2005）、両広地区では最初に小珠が、次に器が出現している。両広地区では、器以外にも佩環や小珠など多数のカリガラスの製品が出土しており、この地域に特徴的なガラスとなっている。カリガラスの小珠は非常に出土点数が多く、色調も青・淡青・緑・藍・白・赤・紫など多彩であるが、両広地区以外でも中国全土から出土している。またカリガラスの小珠は中国全土のみならず、広くこの時期の東アジアや東南アジアで出土している。この時期におけるカリガラスの広がりについては次章で述べる。

漢代のカリガラスは、西方のガラスとはまったく異なる組成を示す、独自のものである。カリウムが 12～17％、カリとシリカ（珪酸）との合計が 90％以上を占め、アルミニウムを 3％前後含有するが、ソーダと石灰は 1％前後で、特にマグネシウムの含有量が 0.8％以下と少ない。カリ硝石と石英を原料として製造したと推定されている。一方西方系のアルカリ石灰ガラスはソーダ石灰ガラスが主で、植物灰を原料としているため、マグネシウムを 3～9％前後含有している。その形態から漢代のカリガラス器は、東地中海で製作されたガラス器とされたこともあったが、現在は成分の明らかな違いから西方産ということは否定されている。

カリガラス自体は紀元前 600～前 300 年のインドで発見されており、中国のカリガラスより時期的に早く出現したと考えられている（肥塚 2010）。一方、中国でみられる、器をはじめとするこれら漢代のカリガラスがどこで作られた

かについては、これまで漠然と中国産と推定されてきた。残念ながら生産址がみつかっていないが、分布が中国を中心にしている点、両広地区では器という他の地域にない製品がある点、また佩環など中国独自の形態をもつ製品がある点などから、素材を他の地域から入手したとしても、ガラス製品そのものはこの地域で製作されていた点については、疑いないだろう。

さらにガラスを原料から製作していた点についても、新たな証拠がみつかってきた。近年の化学分析によると、コバルトによって着色された青紺色のカリガラスからタリウムが検出され、貴州県興仁県ランムーチャン付近に産出するタリウム明礬が関与しているのではないかと推定されており、さらに青紺色のカリガラスに含まれる酸化銅の鉛同位体比が中国の値を示していた（肥塚2010）。科学的研究からも、カリガラスの一部が中国で製造されていた可能性が高くなっている（この時期のすべてのカリガラスが中国製であるという意味ではなく、これについては後述したい）。

東地中海製ガラス器と両広地区のカリガラス器

これらカリガラス器は、戦国から漢代で中心的であった倣玉的なガラス製品と異なる特徴を示す。それは玉製品など中国の伝統的な製品にその形態が求められない点と、透明性の2点である。

両広のカリガラス器は、発見当初から東地中海で製作された器との類似が指摘され、東地中海産で輸入されたものであるとの見方もあった。現在はカリガラスの独自性から、中国産であるとの推測がなされている。その形態についても、黄啓善（1988）は中国独自の器の流れで説明できるとしている。しかしその形態の源流については、やはり西アジア製の広州横枝崗出土ガラス碗が答えを示している。

吹きガラスの製作は、シリア地方で前1世紀中頃～後半頃始まったと考えられているが、その直前とその後しばらくは鋳造ガラスが盛んに作られている。紀元前2世紀中頃～後1世紀中頃、カット装飾をもった鋳造製の鉢や碗がシリ

図 42 東地中海製の鋳造ローマンガラス器
左：クラスノダル地方（ロシア）、ウスチ・ラビンスク市出土　杯（2世紀）
右：東地中海沿岸出土　浅鉢（前2～前1世紀）

ア・パレスティナ沿岸の町で製作されており、地中海全域から黒海沿岸まで輸出されている。広口・平底の浅鉢や、直口の深碗などがあり、口縁や胴部の内面や外面にカットによる線文がみられる。表面は回転研磨され、底の中央に円圏文の削り痕が残る例もみられる。透明度の非常に高いガラスであり、無色に近いものから、緑色・紫色・金茶など非常にさまざまな色調をもつ。その成分は、西アジアの伝統的なソーダ石灰ガラスである。製作技法、形態、線文など、両広出土のカリガラス器に非常に似ているが、成分が異なり、また色調も両広地区ではみられないものが多い（図42）。広州横枝崗出土のガラス碗がまさに、この系統に属するガラス器である。

　同様の器はこれ以外にも何点も搬入されたのだろう。後述するように、漢代に入ると陸路・海路のシルクロードによる東西交流が盛んになる。両広地区は海のシルクロードの窓口であり、この西方製の鋳造ガラス器が、シルクロードを通じてこの地にもたらされたと考えられる。広州横枝崗出土碗を含むこの時期の東地中海製ガラス器と、両広地区のカリガラス器は似ている点もあるが、差異も多い。碗・鉢・皿といった形態は同様であり、鋳造・研磨による製作技法は共通している。東地中海製鋳造器には内面中央に円圏文の削り痕が装飾的に残る遺物も多く、この点は両広地区のカリガラス器と共通している。一方で器壁は、両広地区のものに比べ東地中海製のものは非常に薄いものが多く見ら

れる点が異なっている。特徴的なのは、どちらも胴部に線文が入るという点である。しかしその線文が、横枝崗も含め東地中海製ガラス器ではカットにより施され、一方両広地区のカリガラス器では型に彫りこまれたものである点が異なる。当時の中国ではカットによるガラスの装飾技法は発達していなかった。この線文は装飾的役割もあるが、一方で使用等の滑り止めという実際的な役割も果たす。それゆえ、この線文を取り入れるため、可能な技術（＝鋳型への彫り込み）で対応したと考えられる。

また、大きな違いのひとつは色調である。両広地区のガラス器が青・紺・緑色系統の色調のみに対し、東地中海製の器にはそれに加え、紫・黄・赤といった色調もみられ、よりバラエティに富んでいる。これはソーダ石灰ガラスの配合までは伝播しなかったことを意味するのだろうか。しかし、その透明性が共通している点は重要である。

ガラス器の形態の類似から、この地域の工人が伝来した東地中海製ガラス器を実際に手にとり、それを参考にして、これらカリガラス器を製作したと推測される。円圏文の削り痕が共通するという点を鑑みると、製法についても何らかの情報がもたらされたのではないだろうか。窓ガラスについても述べたように、漢代に入って初めてガラスの特徴のひとつである「透明性」にふれたのであろう。すかさずそれを取り入れたことは、当時の人々がその美しさ（と便利さ）に魅かれたことをよく示している。

また両広地区において、このようなガラス器が生産できる技術的背景が整っていた点は重要である。両広地区では、南越国の時代に入ると璧や帯鉤などの鉛バリウム製品や、カリガラス製の小珠がみられる。広東は戦国時代から楚からの影響が強く、楚文化の南越に対する影響も大きかった。楚は戦国時代にはガラス生産が最も盛んに行われた地である。この楚のガラス文化の影響と、また楚の滅亡に伴うガラス工人の両広地区への移住なども十分想定される。一方秦の始皇帝、前漢武帝の時代には、中原の人々が数多く両広地区に移住し、先進の技術、文化、道具をもたらした。これらの人々の中には、ガラス工人がい

た可能性もある。ガラス製作技術は秦代から漢代初頭において、このように両広地区へと流入したと考えられるのである。この技術力を背景として、ガラス器が前漢代後期頃から製作されたのではないだろうか。

しかしこの地域において、鉛バリウムガラスでなく、カリガラスが製作された理由は何であろうか。鉛にせよ、カリにせよ、基本はガラスの組成の多くを占めるシリカを低い温度で溶かすための助熔剤を何にし、どのように入手するかである。カリ硝石はすでに前漢時代の史料に記載されており、早くからその効用がわかっていたことが知られている（干福熹 2005）。中国南方部においては、鉛鉱石に比べると硝石は比較的簡単に手に入るものであり、そのためガラス生産に使用された可能性が高い。また後述するように海のシルクロードにより、インド発祥のカリガラスの製法が伝来した可能性もあるのではないだろうか。

ガラス製作に関する文献史料

これよりやや遅い時期ではあるが、両広地区でガラスが製作されていたことを示す文献がみられる。4世紀の晋代の葛洪による「抱朴子（内篇論仙）」では、「外国で作られる水精碗は、実は5種の灰を混合して作ったもの。今交広ではその方法をおぼえて鋳作している者が多い」とあり、この資料には「交広」（現在の広西・広東・越南一帯）では、水精碗＝ガラス碗の製造技術を掌握していると記されている。これは最も早い両広におけるガラス製造の史料である。

また呉の時代に選述された「南州異物志」は、ガラスの製法を記した東洋最古の文献と考えられている。完本は散逸して残っていないが、李昉「太平御覧」（巻 808）に引用されている。「南州異物志に曰く、玻璃の本質は是石なり、器を作らんと欲せば、自然灰を以って之を冶（とか）す。自然灰の状は黄灰の如し。南海の浜に生ず。亦た衣を洗うべし。之を用いれば須淋（ただれる）せず。但し、之を水中に投ぜば、滑らかなること苔石の如し。この灰を得

ざれば則ちとかすべからず」(由水 1992b)。「南海の浜の自然灰」は、一種の天然ソーダあるいは草木灰と考えられ、「これがなければ溶かすことができない」、という記述は、この灰を助熔剤として使用したことを意味する。由水(1992b)はこの文をアルカリソーダガラスの製法を説明していると考察している。

後述するように、漢代では南海との接触が盛んになっていた。「南海の浜」という記述は、南海すなわち海のシルクロード経由で、西方のアルカリソーダガラスの製法が伝播した可能性がうかがえる。実際にはこの時期の中国製のアルカリソーダガラス製品は現在まで出土していないが、両広地区において、鉛バリウムガラスではなく、異なる原料を用いたガラスを製作しようという原動力になった可能性もある。

このようにやや後代の文献ではあるが、文献からも両広地区では鋳造によってガラスが作られており、また西方のガラスの製作技法が伝播した可能性がうかがえるのである。前漢中期以降、この両広の地でカリガラス器が作られたことは疑いないであろう。

以上のように、両広地区を中心に出土しているカリガラス製ガラス器は、当地における製作と考えられる。後述するように、海上シルクロードが東西を結び、西方のガラス器が中国へともたらされた。すでにガラス製作技術が流入していた両広地域では、この西方ガラス器を見本としてガラス器の製作が開始されたと考えられる。広東広州横枝崗の碗は前漢中期であり、その頃にはすでに西方のガラス器がこの地に搬入されてきていた。また文献からは、ガラス器とともに、製作技術について知識が伝播した可能性も推測される。

特にカリガラスの器が出土した墓をみると、「豪族」と称されている大墓からはガラス製品の出土は少なく、中小規模の墓葬から大量にガラス器・ガラス珠などのガラス製品が出土している。中央の権力の座にある人々の間においてというよりも、より交易の現地における地元の有力者の間で愛好されていた可能性がある。

鉛バリウムガラスとカリガラスは製作されていた工房が異なり、前者は官、後者は民の可能性があることも推測される。これらカリガラス器は、おそらくより海外との接触のある地域、合浦などにおいて、民間の工房で作られていたと推測される。西方からの搬入品ははるかに高価であったため、それに魅せられた人がより入手しやすい製品として、ガラス器を製作した可能性もあろう。次に述べる搬入品であるローマンガラスの器は王族クラスの墓から出ているのに対し、カリガラスの器は大墓からの出土でない点は、それを意味しているのかもしれない。

一方、ごく少数作られた、鉛バリウムガラス器の製作の背景には、何が存在したのだろうか。シルクロードの開通によりガラス器が搬入され、それに影響を受けて製作したのだろうか。または、両広地区で製作されたカリガラス器の影響だろうか。それとも、純粋に中国独自の動きだろうか。いずれの推測も、時期的には十分可能性がある。しかしこれら独自の鋳造ガラス器はまったく普及せず、単発的な製作で終わってしまった。その後の中国における器の製作は、6世紀になるまで待たなければならない。

（3）後漢にみられる西方製ガラス器

広州以外では、後漢になると少数であるが西方のガラス器が墓から出土する。出土例には次のようなものがあげられる。

江蘇邗江甘泉2号漢墓（広陵王墓）ガラス杯断片（図43）　後漢前期の墓から、マーブル文様のリブ付杯の断片3点が出土した。紫黒色の胎に乳白色のマーブル文がみられる。分析によるとソーダ石灰ガラスで、西方のローマンガラスである（南京博物院 1981）。

これは前1世紀から後1世紀にかけて、地中海のローマンガラスの産地で作られた典型的なマーブル文様のリブ付杯で、熱垂下法（あらかじめ丸ガラス板を作り、これを半円形の鋳型に載せ、熱によってガラスを垂下させる技法）に

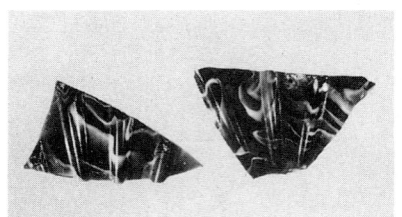

図 43 邗江甘泉 2 号墓（広陵王墓）
ガラス杯断片

図 44 洛陽市機車二廠　ガラス瓶

よって成型したものである。これと類似のガラス器はガリアやゲルマンなどの西方属州を中心に帝国全域で出土しているほか、黒海沿岸、東欧、スカンジナビア半島周辺から、インドのアリカメドゥやアフガニスタンのベグラムまで広くユーラシア大陸から出土している。このタイプのマーブル文ガラス杯は、スイスのウィンドニサなどにおけるローマの軍団交代を基にした詳細な編年が知られている。それによると全盛期は 45 年頃までであり、70 年頃までには衰退する型式である。この墓の主人は 67 年に没しており、その伝播年代にほとんど差がない点は、当時の交易のスピードの速さを示している（谷一 1999）。

　この墳墓は大型で、広陵王劉荊（後漢光武帝第 9 子、67 年卒）が被葬者と考えられる。この他江蘇省では、後漢中期の邗江県甘泉老虎墩墓からもガラス杯の断片が出土している。はっきりした形態は不明であるが、破片からみると

第2章　漢代中国のガラス製品と社会　85

表4　中国出土ガラス製品 組成表

	SiO_2	PbO	BaO	Na_2O	K_2O	Al_2O_3	MgO	CaO	Fe_2O_3	CuO	MnO	備考	文献
江蘇徐州北洞山楚王墓器	34.66	39.25	16.23	3.65	0.11	1.48	0.1	0.42	0.11	0.1			1
広西貴県汽車路M5青緑色盤	77.7			1.62	16.8	3.17			0.7				2
広西合浦県文昌塔M70杯	79.69				16.22	2.14	0.01	0.41	1.36	0.22			2
広西省貴県汽車路M5盤	77.7			1.62	16.8	3.17			0.7				2
河南南陽市陳棚村68号墓器	82.12		0.02	0.66	12.18	2.14	0.41	1.91	0.34		0.05		3
江蘇邗江甘泉2号墓器片	64.79			18.18	0.88	3.44	0.61	7.66	1.3	0.03	2.45	ローマンガラス	4
江蘇邗江県甘泉老虎墩漢墓器片	68.37			16.01	0.48	1.76	0.79	4.62	0.61	2.88	0.58	ローマンガラス	5
広州南越王墓璧	35～46	38～40	1～11	0～4.4	0～0.07	1.6～8.5	0.5～2.6	0.7～1.2		0～5.8			2
広州南越王墓浅緑色平板ガラス	42.64	33.73	12.83	5.01	0.05	0.18	0.43	3.99		0.34	0.06		2
江蘇揚州「姿莫書」墓ガラス衣片	34.83	42.98	17.38	2.16	0.08	0.18	0.01	0.36		0.03	0.01		6
甘粛酒泉藍紫色耳瑞	49.33	21.62	10.5	9.3	0.51	1.42	1.4	3.16	0.48				7
甘粛酒泉藍色耳瑞	78.48				16.75	1.91			1.05				2

文献①李銀徳 1990 ②李青会 2005b ③河南南陽市文物考古研究所 2008 ④干福熹・黄振発 1986 ⑤揚州博物館 1991 ⑥周長源・張福康 1991 ⑦史美光他 1986

斜口で円柱体、球形底をしていると思われる。分析によるとソーダ石灰ガラスであり、ローマンガラスと判断される。この墓は後漢中期の磚室墓で諸侯王墓の墓と考えられ、広陵侯あるいはその重臣の墓と目されている。

河南洛陽市機車二廠　ガラス瓶（図44）　後漢時代2世紀の遺跡から出土した。遺跡の詳細は不明。口径4cm、腹径7.2cm、高さ13.6cm。細く長い頸部をもつフラスコ型を呈する。胴部は下膨れで底は円形で内側に凹んでいる。器壁は非常に薄い。透明度の高い赤紫色の胎に白色のマーブル文が施された、ローマンガラスの吹きガラス瓶である。風化のため胎は黒色にみえる。これはあらかじめ用意した色ガラスの細棒を、透明ガラスの外側に縞状に溶着してよく加熱し、十分にならしながらマーブル文様を作り、宙吹きで仕上げたものである。

ローマを中心に西ヨーロッパ、西アジア、中央アジアのシバルガン（アフガニスタン）、タキシラ（パキスタン）などから広く出土している。

新疆ウイグル自治区楼蘭　切子ガラス杯断片　楼蘭古城から6点の断片が出土した（新疆楼蘭考古隊 1988）。そのうちの一点は口縁と胴部で、杯の断片である。厚さ1〜2cm。直口で肩部が張り出している。肩部のカットが一部残っており、楕円形を呈している。風化により灰白色、半透明。これは初期ローマンガラスの切子杯の断片である。

同様の作例は、ウィンドニサ、アウグストといったスイスの遺跡から、イギリス、ドイツ、北欧、東欧を経て、エジプト、シリア、ヨルダン、アフガニスタンなどで広汎に出土している。

出土詳細が判明している江蘇省の2例では、ガラス器が出土したのは王侯クラスの墳墓である。これらローマンガラス器が貴重なものとして珍重されていたことがうかがえる。いずれのガラス器もローマンガラスの広大な貿易網を示す好資料であり、またそれが漢墓から出土している点は、漢帝国もまたその広大な貿易網と接触していたことを示している。

第3章　漢帝国の広がりとガラス製品

1. シルクロードの開通とガラス器

　前章で述べたように、漢代では西方製のローマンガラス器と、また一方で西方のガラス器に影響を受けて製作されたと考えられる中国製のカリガラス器が出現する。その背景には、いわゆるシルクロードの開通による東西交流の活発化がある。

東西の巨大国家と陸上シルクロード（図45）

　前述したこの時期までのガラスの伝播からもわかるように、すでにそれ以前から、後にシルクロードと呼ばれる東西交通路は存在していた。しかし特に紀元前3～前2世紀頃からこのルートが活発化する。その要因として、当時ユーラシア大陸に巨大国家が登場し、かつ並立した状況があったことがあげられる。巨大国家それぞれの版図内における移動は以前より楽、かつ安全となり、一方で版図を越えた人々の活発な交流が行われた。

　中央アジアから地中海にかけての広い範囲においては、すでにアケメネス朝ペルシアの版図として、東西交易が行われていたが、紀元前334年に始まったアレクサンドロスの東方遠征は東西交易がさらに活発化する契機となった。アレクサンドロスはアケメネス朝ペルシアを征服し、インド亜大陸のインダス川まで到達する。彼が征服した地は、バクトリア王国・セレウコス朝・プトレマイオス王朝などへと分割されたが、いずれもギリシア系の君主で各地の通行や商業はより発達し、東方世界の知識も増大していた。すでに中国の絹は中継貿

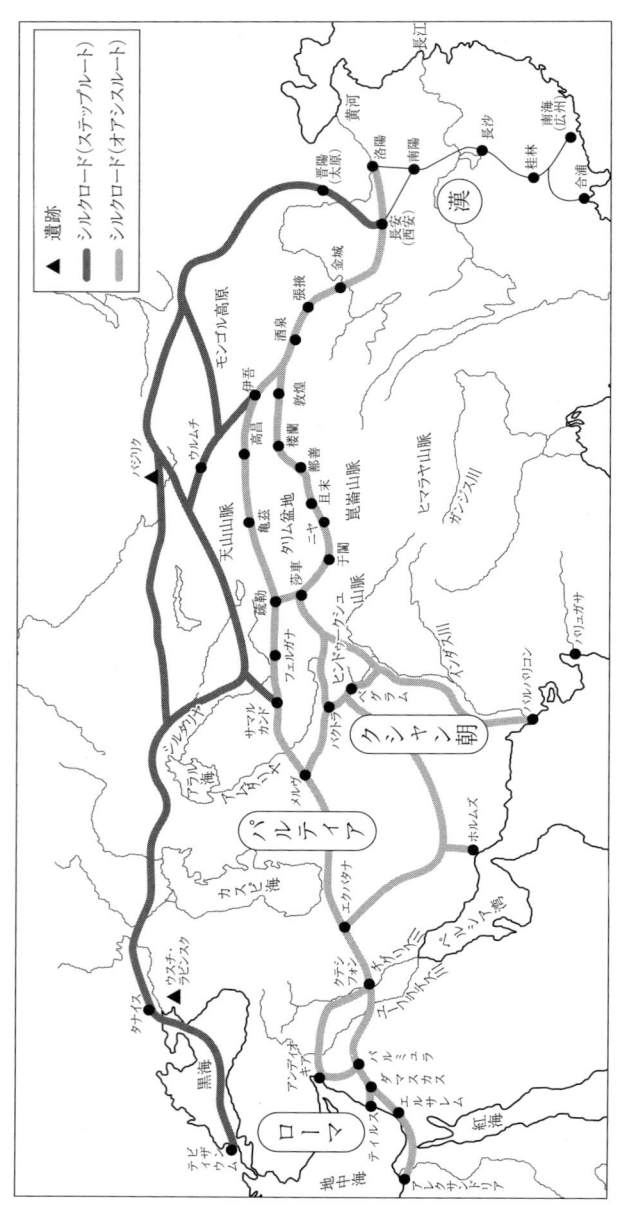

図 45 漢代のシルクロード地図（陸路）

易によって西方世界にもたらされ、珍重されていたが、絹を産する国セレス＝中国の名もまた西方においてしだいに知られてきた。

　そして紀元前3世紀を過ぎると、巨大な国家が東西に登場する。西方社会の巨大国家がローマであり、東方のそれが漢である。さらにその頃、中央アジアにおいても遊牧騎馬民族を出自とする巨大国家パルティアが登場し、シルクロード発達の上で重要な役を演じる。

　アルサケス朝パルティア（安息国）はもともとイラン系遊牧民族が前3世紀中頃にイラン高原西北部に建てた国で、前2世紀以降強大となり勢力を西方へと伸ばし、ローマと度々衝突した。パルティアは、西アジアの大国として君臨し、東西を結ぶ主要な交通路をその支配下におさめた。交易の仲介とそこから得られる関税は、パルティアの繁栄を支える重要な要素となったのである。

漢帝国の西域経営

　一方東に成立した大帝国が漢であるが、それ以前の王朝と異なり西域へと乗り出す要因として、匈奴との衝突があげられる。

　匈奴はモンゴル高原を本拠地とする遊牧騎馬民族で、中央アジアの草原ステップ地帯をはじめて強力な政治力で統括した。前209年には冒頓単于によって統一され、オアシス諸国家を抑えた匈奴は強大な勢力となり、漢と度重なる衝突に至った。漢帝国の初頭は匈奴のほうが軍事上優勢であったが、武帝の時代に匈奴への逆転を図る。武帝は匈奴に対して遺恨をもつ月氏という民族が匈奴の西方にいるという情報を得、前139年頃、張騫を匈奴挟撃のため西域へ、月氏の元へと派遣したのである。

　張騫は途中匈奴に捕らわれたが、10余年の苦難を経て脱出し、今のアフガニスタン北部・ウズベキスタン南部にいた大月氏の国（西遷後の月氏を漢では大月氏と称する）にたどり着く。大月氏との軍事同盟は成立しなかったが、西域（中央アジア）各地をめぐり、帰路また匈奴に捕らわれるが脱出し、前126年に中国へ帰国した。彼は西域（中央アジア）の情報を細かく報告し、この地

域の詳しい情報が初めて中国へと伝わったのである。

武帝は張騫の帰国後、積極的に匈奴の討伐と西域交易の掌握に努めた。この頃から、匈奴は内紛と中国の軍事遠征により衰退していったため、前121年頃には漢は甘粛地方から匈奴を追放し、武帝は河西地方に河西四郡をおき、直轄両地化を進めた。また烏孫をはじめとする西域の各国（大宛・康居・大月氏・大夏・安息・身毒など）に使節を送った。これにより西域諸国は漢と国交を開始することになる。こののち、オアシスルートによる東西交易は活況を呈することとなる。

武帝によって張騫が安息国へと派遣されたことをもって、正式に陸のシルクロード（オアシスルート）が開通したとされる。無論それ以前からこのルートを使った交流が行われていたことは、蜻蛉珠などに関してこれまで述べてきた。しかし武帝の政策により、意識的にその後交流が続けられたことは、このルートの発達を促す大きな要因となったのである。

以上のような巨大国家の成立と各地の情勢のもと、陸のシルクロードによる東西の交渉は活発化するに至る。オアシスルートに点在するオアシス国家もまた、それにより繁栄を誇った。新疆の楼蘭王国もまた、その繁栄を誇ったオアシスのひとつである。楼蘭古城から発見された初期ローマンガラスの破片は、当時の東西交渉の繁栄を物語る証左である。

しかし実際漢代において、特にガラス器に関しては、この内陸ルートの交通路で運ばれたと考えられる遺物は非常に少ない。ローマンガラス器の器壁の薄さは、無関係ではないだろう。陸のシルクロードとガラス器の関係はむしろこの後、東アジアにおいては北魏を経て隋唐の大帝国が成立し、一方西アジア・中央アジアではササン朝ペルシアと、その後イスラム商人が活躍した時代、それにより東西交流が再び活発になった時代に、より深まっていく状況にある。

紀元前後おいては、この時期に発展したもうひとつの東西交易路、海上シルクロードがガラスの東西交流の重要な舞台である。

海上シルクロードの開通とその隆盛

　紀元前2世紀頃から、西方とインドを結ぶ海上交易路が発達をみせる（図46）。その背景には、ユーラシアに成立した各大国の動向が関わっている。

　アルサケス朝パルティアにより東西貿易は安定と発展をみたものの、パルティアはローマとインド、漢帝国の東西交易を独占しようとしていた。「後漢書」巻88西域伝・大秦国の条に「大秦（ローマ）の王は常に使者を漢に通じようと欲しているが、安息（パルティア）は漢の絹織物の交易を独占しようとし、妨害するため、使者は（漢に）達することができない」と記されている。

　パルティアに中国とローマ間の絹貿易を抑えられたため、当時ヒンドゥークシュの南北を支配していた大月氏（クシャン王国）は、南のインダス川からインド洋に出るルートを貿易路として求めた。中央アジア・インダス川上流からインダス川を下り、ペルシア湾を経てティグリス・ユーフラテス河口に至るルートは、すでに前3千年紀中頃から、ラピスラズリなどを交易するルートとして使用されていた（川又 2006）。

　一方、プトレマイオス王朝の首都であったアレクサンドリアは、地中海と東方世界を結ぶ政治的・経済的な中心地として繁栄していたが、そのアレクサンドリアを起点に西方世界とインド洋を結ぶ交易ルートとして、紅海経由の海上ルートが発達した。紅海〜アラビア湾〜インド洋という海上ルートが成立したのである。

　このアレクサンドリアの繁栄は、プトレマイオス王朝が滅亡し、エジプトがローマの属州となってからも続いた。さらにローマが帝政に移行する前1世紀頃、ローマの各都市は発展し、市民生活も急速に向上し、東方の物産への需要も高まった。東方からもたらされる真珠やタイマイなどがローマ社会で珍重されており、またセレス（＝中国）の絹に対する需要はますます増加し続けたのである。そのような状況下で、パルティアによる貿易の独占と商品コストの増大は大きな問題となった。ここにおいて当時発達してきた紅海〜インド洋へと続く海上の交易ルートは、東方の物産を手に入れるにあたり非常に重要なもの

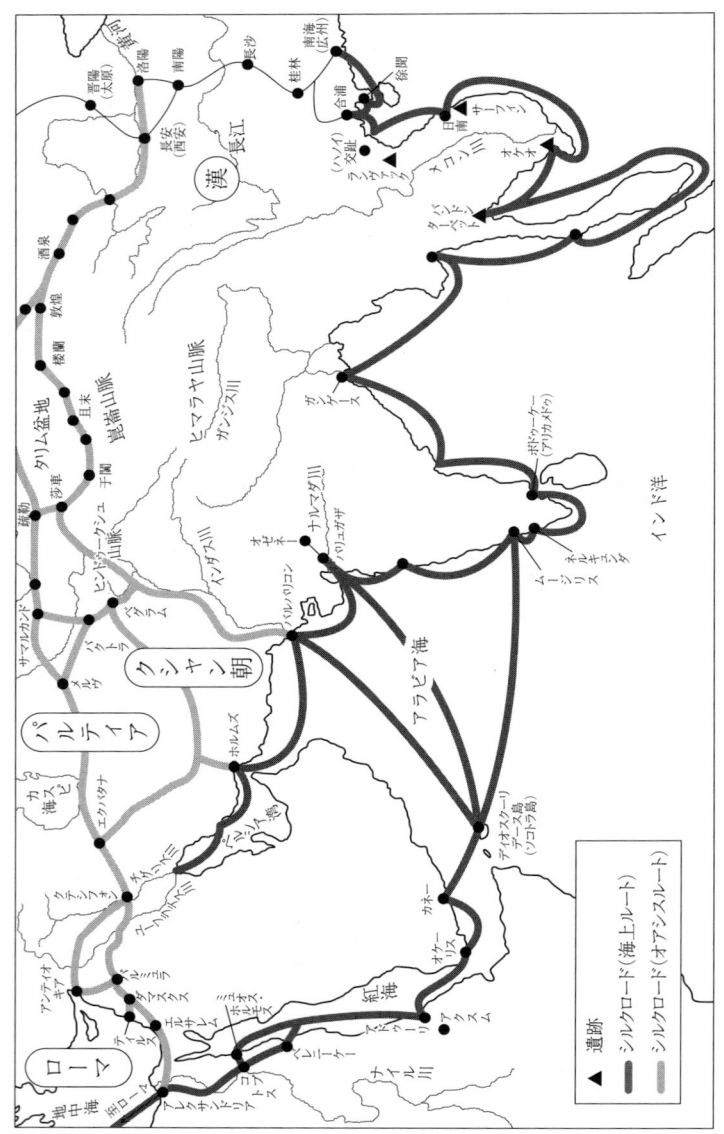

図46 漢代のシルクロード地図（海路）

となった。かくしてこのルートが大いに活発化することとなった。これが海のシルクロードである。

　海のシルクロードが活発化した最大の背景として、インド洋に吹く貿易風の発見がある。インド洋では6月の終わり頃から9月まで南東の季節風が吹き、この季節風を受けて、陸地から遠く離れてインド西岸につくことができるのである。これにより、パルティアの領土に立ち寄ることなく、インダス川流域やインド西岸と交易することが可能となったのである。この貿易風を利用したインド航路は、紀元前2世紀には発見され、開発されたと考えられる（蔀1999）。

エリュトラー海案内記の世界

　この海上ルートの繁栄を今に伝えるものとして、当時書かれた「エリュトラー海案内記」がある。「エリュトラー海案内記」は西暦1世紀半ば、あるいはそれをやや過ぎた頃にエジプト在住のギリシア商人によって記された一種の商業案内書であるが、当時ギリシア語でエリュトラー海と呼ばれていた、現在の紅海からアラビア海、インド洋にかけての広い海域の、沿岸地方の物産や各地における交易の実情を詳しく紹介している（蔀 1995・1999）。

　航海はアレクサンドリアを起点とし、南インドのポドゥーケー（現在のアリカメドゥ）まで到達する。この案内記には、西方と当方の間の交易品について詳細な記述があり、ガラス製品についても重要な情報が記されている。

　インドではまず、インダス河口の港バルバリコンに停泊する。ここで下ろす船荷（アレクサンドリアからの交易品）としてガラス器があげられている。「……船荷はすべて河を溯り、首府へと王の許に運ばれる。この商業地には、（中略）ガラス器、銀器、貨幣、少量の葡萄酒が輸入される」。引き換えに積む荷物は、「（これらと）交換に（中略）、トルコ石、ラピスラズリ、セーレスの毛皮（注；中央または北アジアの狩猟民がとってきたもの。セレスの絹と一緒に来るので「セレスの毛皮」と称されたと思われる）、絹布、生糸、インディ

ゴが受取られる」（第39節）。

　このバルバリコンからインダス川をさかのぼると、クシャン朝の都へと至る。クシャン朝の夏の都、ベグラムから多数のガラス器が出土しているが、これらはこのルートを経てもたらされたと考えられる。さらにヒンドゥークシュ山脈をこえてバクトラを経由した後、内陸アジアのオアシスルートの幹線へと合流し、西安へと到達する。このルートは、クシャン朝が絹や中国の品物を入手する主要なルートであり、クシャン朝からローマへと運ばれた絹はこのルートでもたらされたものであろう。もちろん他の東西の文物もまた運ばれていった。中国へと伝来したガラス器の一部も、このルートで運ばれたと考えられる。

　次のキャンベイ湾の港バリュガザ（現バルーチ）、ムージリス（現クランガヌール）・ネルキュンダの港では、インドへの輸入品目録にガラス塊があげられている。これはインドにおいて、ローマのガラスを原料としたガラスの再加工が行われていたことを示している。また、ガラス塊は原料としての価値だけでなく、船のバラストとしての使い道もあった。

　南東インドのポドゥーケー（現アリカメドゥ遺跡）から先については、その地域と産出物についての伝聞が記される。ガンジス河の河口の町であるガンゲースと、最も上等の亀甲を産する「クリューセー」（マレー半島方面）についての記述がある。そしてさらにその地方の彼方の地として「ティーナ」の地があげられる。「……ティーナと呼ばれる非常に大きな内陸の都市があり、ここから真綿と生糸と絹布が、バリュガサへとバクトラを経由して陸路で、他方リミュリケーへとガンゲース河を通じて運ばれる」（第64節）。このティーナがチャイナ、すなわち中国と考えられる。

　これらの品物とまたローマからの積荷をみると、インドとローマの間の交易品は奢侈品が中心であったことがわかる。この時期ローマンガラスは非常に人気のある品物としてユーラシア各地へもたらされているが、ベグラムで出土しているガラス器は特注品と考えられる製品を含む非常に高級なガラスであり、

他の地域から出土したローマンガラスと比べても、品質の高い高級品であった。このインド洋交易においてガラス器は非常に重要な交易品であり、内容は念入りに選択されていたことがうかがえる。

この海上交易の繁栄を示す記録が残っている。プリニウスは博物誌（第12巻41章）で「最小限に見積っても、インド、セレス、アラビア半島はわが国から毎年1億セステルティウスを得ている。そしてそれがわれわれが贅沢と婦人のために費す金額である」と述べ、その浪費を嘆いている。

かくして、より大量の荷物を（沈没しなければより安全に）運ぶことが可能な船による交易により、ガラスという非常に脆い器が東方へと多数もたらされることとなった。考古学上の出土品からみると、このローマからインドへと結ぶ海上航路の繁栄は、1世紀中頃から後半がピークであり、2世紀頃には一時衰退したようである（蔀 1999）。中国も漢帝国が滅亡へと向かい、混乱期へと向かった時代である。

中国の南海経営──海のシルクロード、中国に至る──

以上エリュトラー海案内記からも知られるように、この時期に海のシルクロードはインドまで到達していた。またバルバリコンやそのほか西インド各地の港から輸出される貨物はこの地域の産品だけでなく、東南アジアの各地から集積された品物も多く含まれていた。アリカメドゥなどからの考古学的な出土品も、この時期東南アジアとこれらの港が結ばれていたことを示している。この南アジア・東南アジアからさらに海の道が東アジアへと通じるには、中国側からの大きな動きが関係している。それが、秦の始皇帝の時代に中原から両広地区へとつながる路が開かれたことと、そして武帝をはじめとする漢帝国の南海経営である。

秦の始皇帝25年（前222年）、秦は数10万の大軍を諸越へ南征させ、秦軍は新しい道を開いた。人工水路（灵渠＝湘桂運河）を開き、漓水と湘江の水道を通じさせた。すなわち中原から長江水系と珠江水系を経て両広地区へと至

る、水陸の道を通じさせたのである。この湘桂走廊は中原地区と両広地区を結ぶ交通の要道となった。さらに秦の始皇帝33年（前214年）、南海・桂林・象郡の南海三郡が置かれ、合浦は象郡北部に属していた。またこの地に多くの漢人が移住せしめられた。これにより、両広の地が中国の版図へ明白に組みいれられたのである。

　その後、秦末の混乱期に両広地区には南海都尉の趙佗らによって南越国が建国されたが、前漢の7代皇帝武帝はこの地へと領土を拡大する。前111年、武帝が南越国を滅ぼし、南海三郡をあらためて南海九郡（南海・蒼梧・郁林・合浦・交趾・九真・日南・儋耳・珠崖）を置き、直接経営に乗り出す。またさらに南方へと船隊を仕立て、正式な交流を開始した。「漢書」巻28下・地理誌には、武帝の在位中の前110～前88年に船隊が組まれ、徐聞・合浦・日南を発ち、現在のマレー半島、ミャンマーの地を経て、インド洋の黄支国（現在のインドのカンチープラム）へと航海し、最後には已程不国（現在のスリランカ）に達した後、帰国したとの記述がある。さらに「黄支国は武帝のとき以来献見している。（中略）（中国の）通訳の長が応募者とともに海にでて、明珠、璧琉璃、奇石異物を買うのに、黄金や諸種の絹をたずさえて住った」との記述もみられる。このように両広地区を起点に、スリランカまでの地理事情が把握されており、物品が相互に行き交っていた状況がうかがえるのである。

　始皇帝により、沿岸部を通るのではなく内陸部の水路を利用し、直接に中原から両広へとつながる道が開かれたことは非常に重要である。これにより中原と両広との交流が頻繁になっただけでなく、中原と両広間の物資の移動がはるかに容易になったのである。両広を窓口とする南海交易は、この道があったからこそ活発化したと考えられる。近年河南省南陽から出土したカリガラス器は、珠江水系と長江水系を経て中原へと至る水陸の道、この道を通って両広地区からもたらされたものであろう。

　さらに漢帝国は武帝の時期に両広の地を支配下に置き、直接南海経営に乗り出した。漢帝国が積極的に南海へと船を派遣し、東南アジアの各地と交流した

ことが、この時期インドまで届いていた海のシルクロードが、中国へと到達する大きな要因となったのである。武帝が南海を重要視した背景には、南海の物産への高まる需要があげられる。ローマ同様に、漢でも続く平和の中で裕福な市民層が広がり、南海の珍品を求めていたのである。まさに東西両大国の活動のタイミングがあった時期といえる。

少し後であるが、「後漢書」巻88西域伝大秦国の条には、桓帝延熹9年（166年）のこととして、「大秦王安郭（マルクス・アウレリウスとされている）が使を遣わし、日南徼外より象牙・犀角・瑇瑁を献じ、始めて乃ち一通す」と記録している。これらの物品はローマの産物ではないため、使節がローマから直接来たか、本物であったか、については諸説ある。しかしこれもまた、海上ルートの重要性を示す記録である。

かくしてエリュトラー海案内記と正史が語り、そして出土遺物が示すように、この時期海のシルクロードはインドを中継貿易の地とし、ローマと中国をつないでいた。ガラス器をはじめとしてこれまで陸路では運搬が困難であったさまざまな文物が、より容易に東西を移動するようになったのである。

ここで、あらためて江蘇省や河南省で出土したローマンガラスを振り返りたい。後1世紀の江蘇省のマーブル文様リブ付杯はユーラシアの広い地域から出土しているが、注目されるのはクシャン朝の夏の都ベグラムから、同タイプが出土している点である。また後2世紀の河南省のマーブル文ガラス瓶と同様の器はアフガニスタン、パキスタンで出土している。これらの地域はまさに海のシルクロードと密接な関わりがある地域である。江蘇省や河南省で出土したローマンガラス器は、この海のシルクロードを経て中国へともたらされたと考えられよう。前述したように、インドの港にローマの荷が到着した後は、クシャン朝経由で内陸のオアシスルートに入り西安へと運ばれるルートと、そのまま海路で両広地区へと運ばれるルート、二つのルートが考えられる。どちらのルートも使用されたと考えるほうが妥当である。

海路で両広地区へと運ばれるルートの存在を示す証拠が、広東広州横枝崗の

ガラス碗であり、また両広地区のカリガラス器であろう。カリガラス器の形態と、これまでの中国製ガラスに存在しなかった透明性は、西方の透明なガラス器との接触がその製作の契機となったことを示している。このカリガラス器が作られた地域に再び眼を転じたい。

合浦の繁栄と東西交流の結実

合浦には非常に多数の漢墓が存在している。沿海地域の最大の漢墓群で、おそらく5～6千基以上あると考えられ、現在までに約1000基弱が発掘されている（楊式挺 2006）。出土文物も豊富かつ多様であり、インドや西方からの搬入品と考えられる品もみられる。墓の数、規模、出土遺物の量ともに両広地区でもとびぬけた数であり、徐聞や広州をはるかに凌駕している。これらは漢代に合浦が非常に繁栄したことを示している。

両広地区には当時から南海（広州）・徐聞などいくつもの港が存在したが、漢書地理誌でも述べられているように、合浦は南海へと至る道の中国側の最後の港であった。それは海のシルクロードの終点の港であったことを意味する。さらに合浦は中原地区へと至る水運の路の両広地区の起点でもあった。南海交易とそして東西交易が発展する中で、このような地理的条件下にある合浦は繁栄を謳歌した。5～6千基を超える漢墓と、その出土遺物は、まさしく漢代の合浦の繁栄を今に伝えている。そして海のシルクロードの終点として、合浦には西方の遺物や知識が多数流入したであろう。このような状況下で作られたものが、カリガラス器である。

すでに述べたように、合浦や貴県などで出土したカリガラスのガラス器は、両広地区で作られたと考えられているが、この合浦の繁栄とその背景を鑑みると、合浦が最も可能性が高い製作地であろう。西方のガラス器を入手したこの地の人々は、おそらくこれまで中国になかった透明な器の美しさに魅せられ、それを見本としてガラス器の製作を開始した。すなわち、西方のガラス器に似せた透明な器を、中国の伝統的な技法である鋳造技法によって製作したのであ

る。この両広地区から出土するカリガラス器は、まさしく漢代の東西交流の結実といえるだろう。

　しかし漢代の後、中継貿易で繁栄した港は時代とともに南から北へと移動した。呉～唐代は広州が、宋・元代は泉州が栄える。漢代の合浦のかつての繁栄は、文献の中でうかがえるのみであった。しかし漢墓の中から現れたガラス器は、漢代の東西交流の結晶として、当時の海のシルクロードと合浦の繁栄を、現代の我々に示すものである。

2. 漢代併行期のアジア各地にみるガラスと社会

　中国でガラスが作られていた戦国時代から漢代の併行期、東アジアの他の地域でもガラスが散見されるようになる。日本列島に初めてガラス製品が現れるのは弥生時代であり、朝鮮半島では無文土器時代後期であった。先進地域からもたらされたガラス製品は、当時の対外交流について、またその当時の国内の状況について、雄弁に語ってくれる遺物でもある。なおこれまでの記述に従い、「玉（ギョク）」との混同を避けて、「管玉・勾玉・小玉」などの「玉（タマ）」は以下「珠」と表記する。また弥生社会の研究において、外国製の製品が列島内にもたらされることを、「伝来」ではなく「搬入」と称するので、この弥生社会の記述に限り、「搬入」を使用する。

（1）弥生時代のガラスと社会

　日本列島に初めてガラス製品が現れるのは弥生時代である。弥生時代前期後葉にごく少数のガラス小珠が北部九州を中心に出現し、その後中期になるとガラス管珠・勾珠が北部九州を中心に現れ、後期になると西日本まで広く分布するようになる。またガラス小珠は、後期になると列島全体にその分布を広げ

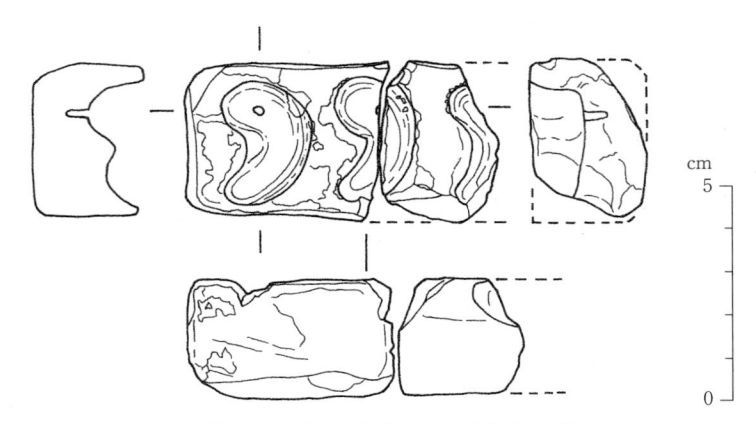

図47 福岡県須玖五反田遺跡出土　勾珠鋳型実測図

る。珠類以外の製品はごく少数で、中期後葉以降に釧（腕輪）やガラス璧の破片などが出土している。

　成分分析によると、ガラス製品の大半は中国独自のガラスである鉛バリウムガラスや、この時期に東アジアに広く分布しているカリガラスであり、ごく少数であるが鉛ガラスやソーダ石灰ガラスがみられる。当時の弥生社会では、ガラスを珪酸や鉛といった素材から作る技術は存在しておらず、これらガラス製品は中国や朝鮮半島など列島外からの搬入品であるか、またはその搬入品を鋳型などを使用して改鋳した品であった。たとえば管珠はごく一部を除き大半が搬入品であり、勾珠は中国から搬入されたガラスの改鋳品であった。

　ガラスを再加熱して形態を変えるためには、800度程度の温度が必要である。青銅器の製作技術があれば制御できる温度であり、また鋳型を使用するという青銅器の製作技術はガラスの製作に応用できた。当時の弥生社会では青銅器の製作を行なっており、当初その工房が改鋳によるガラス製作を担ったと考えられている。実際、弥生後期の福岡県須玖等の青銅器の工房からは、ガラス勾珠の鋳型も出土している（図47）（藤田　1994 他）。

　このように弥生時代のガラス製品は搬入品として、当時の弥生社会がどのよ

うに中国や朝鮮半島と交流していたかを物語ってくれる貴重な品である。また弥生社会にあっては、ガラス製品は単に入手しにくい貴重な品であるだけでなく、大陸の先進文化（とそれとの交流）を象徴する威儀的な品としても扱われていた。このため時代地域によっては単なる装飾品ではなく、政治的な意味合いをもって所有された状況も、その副葬からうかがうことができる。そのような副葬をもつ地域として特に注目されるのが、中期の北部九州と後期の北近畿である。

北部九州とガラス製品

弥生時代において、北部九州は最初にガラス製品が出現する地域である。

最初に登場するガラス管珠は、最大で長さ7cm前後と長大太身の形態で、青色・青緑色系の色調をもち、白色の斑点や螺旋状の筋が特徴的にみられる。最も有名な遺物は、佐賀県吉野ヶ里遺跡から出土したものであろう（図48）。その他佐賀県宇木汲田遺跡など、唐津平野・佐賀平野を中心とした中期中葉から後葉の墓において副葬品として出土している。芯棒にガラスを巻きつける、巻付技法で個別に製作したもので、後で述べるように同時期またはやや先行する時期の朝鮮半島の墓からも類品が出土しており、朝鮮半島製または中国製と考えられるものである。

その後、中期後葉になると、長さ1cm前後の規格性の高い小さな管珠が出土する。風化により白色化しているが、本来は緑色系統の色調をもつものであった（図49）。巻付技法により長い管を製作した後、個別に分割され製作されたと考えられる。福岡県三雲南小路遺跡や福岡県立岩遺跡など、主に福岡平野・糸島平野を中心とした甕棺墓に副葬されており、副葬点数が多量な点と前漢鏡と供伴する点が重要である。楽浪郡など中国文化圏で作られたと考えられている。またこの時期にガラス勾玉も登場し、定形や亜定形など、同時期の石製勾玉と同様の形態をもつ。三雲南小路1号甕棺墓など、上記のガラス管珠と共伴することもあるが、ガラス管珠と比べると出土遺跡数・遺物数ともに少な

図48 吉野ヶ里墳丘墓SJ1002
　　　甕棺　ガラス管珠

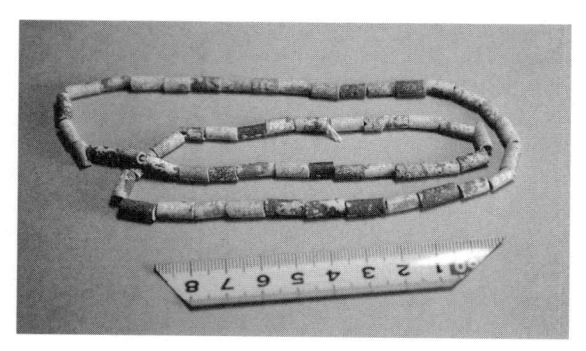

図49 県吹上4号甕棺
　　　ガラス管珠

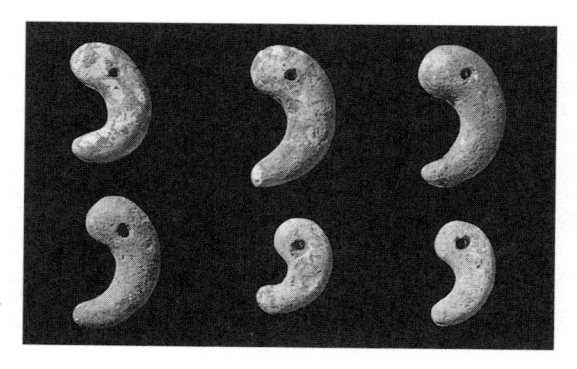

図50 三雲南小路1・2号
　　　甕棺　ガラス勾珠

第 3 章　漢帝国の広がりとガラス製品　103

い（図 50）。

　この二者のガラス管珠は、形状だけでなく時期や分布にも明確な地域差をもち、その副葬から当時の社会状況を考察することができるものである。

　朝鮮半島において、唐津平野・佐賀平野にみられる長大太身のガラス管珠との類似品が出土しているのは忠南・全北の朝鮮半島中西部である。吉野ヶ里などを中心とした弥生人が、中期中葉にこの地域と接触していたことが推測される。彼らが入手したガラス管珠は、唐津平野・佐賀平野の人々に分けられ副葬されることとなった。吉野ヶ里では多量に出土しているが、その他の墓では 1 点のみの出土で、この地域でよくみられる碧玉製管珠の副葬状況と違いはみられない。

　中期後葉になると、福岡平野・糸島平野では傑出した首長が現れ、朝鮮半島とではなく、直接漢帝国と接触をもつに至る。それにより前漢鏡とともにガラス璧やガラス管珠を入手したのである。また彼らは入手したガラス製品の一部を使い、日本独自の形態の珠である勾珠を製作した。特に傑出した大首長墓とされる糸島平野の三雲南小路遺跡 1 号甕棺墓、福岡平野の須玖岡本遺跡 D 地点甕棺墓からは、「ガラス璧＋鏡 20 面以上＋武器形青銅器複数＋ガラス勾珠」が出土している。鏡のみならず、ガラス璧とガラス勾珠が高い地位の象徴として副葬されたと考えられる。一方でガラス管珠はこの 2 基の墓からも出土するが、より階層が低いと考えられる首長の墓からも出土している。それらの墓は福岡県立岩遺跡 28 号甕棺墓や大分県吹上遺跡 4 号甕棺墓などで、各々の地域の中心的な首長墓であった。

　この中期後葉における北部九州のガラス製品のありようは、漢帝国の拡張およびその柵封体制と密接な関係がある。当時の前漢帝国は、その威光構築のため蛮国からの遣使を歓迎し、また北方の匈奴との戦に備えて東方との関係を良好なものとしておきたい時期であった。一方で北部九州の首長たちはより先進文化の文物や知識を得ようと、直接漢帝国の版図へと渡るに至った。（おそらく楽浪郡に）到着した北部九州の使いはそのために非常に厚遇され、多数の漢

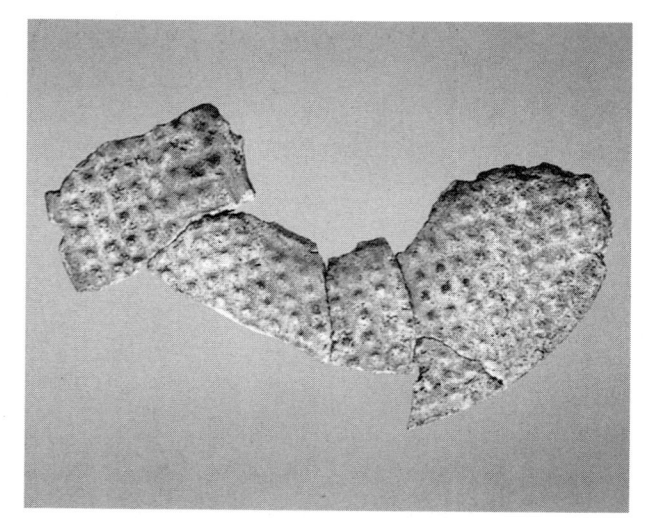

図 51 三雲南小路遺跡 1 号甕棺　ガラス璧

鏡やガラス製品、ガラス璧（図51）をはじめとする葬具などが下賜されたと考えられるのである。

　漢帝国から下賜されたこれら舶載品は、まさにこの地域の首長の地位を補強し、かつ象徴するものであった。そして前漢鏡やガラス管珠は、首長同士の紐帯の証として分有されたと考えられる。また大首長達の命により、ガラス管珠などを素材として、定形系の勾珠が改鋳製作された。当時この地で成立したばかりの定形勾珠は、この地域の共通の精神的表象であり、強く政治性をもつ珠であった（木下 1987）。そのような勾珠を「漢帝国の威光を象徴するガラス」によって、国内外における高度な政治性をもつ威信財として仕立てあげたのであろう。このとりわけ政治性の高い珠は、傑出した大首長のみが所有するものであったと思われる（小寺 2006a）。

　しかし後期に入るとこれら2種のガラス管珠は姿を消し、異なった多様なガラス管珠が出現する。一方、ガラス勾珠は引き続き副葬されているが、後期においてはガラス管珠や勾珠の副葬に政治的な紐帯や象徴をこめる意図は見出せ

ない。多種多様なガラス管珠が出現する背景に、多元的かつ活発な海外交流を行っていたことが推測される。その結果下賜とは異なった形で入手されたガラス管珠やガラス製品は、高度な政治性や象徴性を失った可能性があり、それは結果的にガラスのもつ価値とガラス勾珠のもつ象徴性も落としていったのではないだろうか。

北近畿とガラス製品

　北部九州以外の西日本では、後期になると多数の管珠・勾珠・小珠といったガラス製珠類が副葬品に現れる。特に北近畿は非常に大量のガラス製品が副葬されており、またそこに当時の首長層の政治的な紐帯が観察される。

　ガラス管珠は後期にさまざまなタイプが主に東海以西の地域に出現する（図52）。北部九州以外では、丹後・但馬や出雲などその大半が日本海側、または日本海側とのつながりをもつ地域の墳墓に副葬されたものである。改鋳によって作られたごく少数のガラス管珠（図52-4）以外は、すべて大陸より搬入されたものと考えられている。これら管珠は上述した巻付技法や、溶融したガラスから中空の管を捻りながら引き出す捻引技法、溶融したガラスに芯棒を浸して引き上げるディッピング技法などで製作されている（なおディッピング技法で製作した中空の長い管を細かく分割することにより、小珠が製作される）。出土するガラス管珠は多くの場合ひとつの遺構から6〜10数点と多量に出土しており、首飾りと考えられる出土状況も多い。首飾りなどの需要を満たす一定数を確保できている点、また各遺構の遺物の規格性が非常に高い点は、生産地域との直接的な接触をうかがわせる。

　ガラス勾珠も後期になると北部九州以外にもみられるが、日本海側が大半を占め、分布の中心は北部九州と丹後である（図53〜55）。また管珠に比べて点数は少ない。丹後では後期初頭から中葉にかけてはさまざまな形態の勾珠がみられ、この地における試行錯誤的な製作が想定される（図54）。後葉になると一転して定形・亜定形の鋳造製勾珠のみが副葬される状況となり、点数も格段

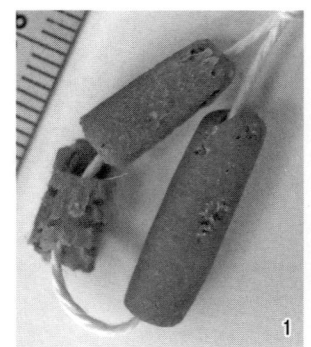

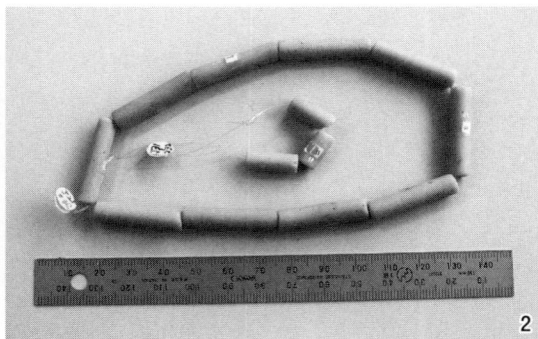

図 52 弥生後期ガラス管珠
1. 福岡県門田辻田B群15号土壙墓　2. 京都府大山8号墓　3. 鳥取県門上谷1号墓
4. 兵庫県梅田東木棺墓群15号墓

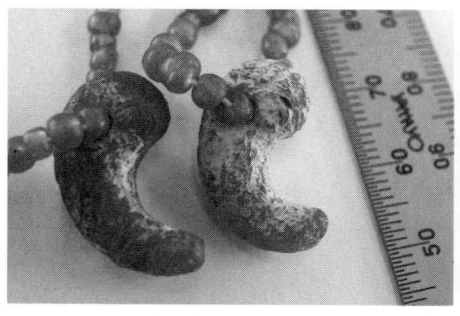

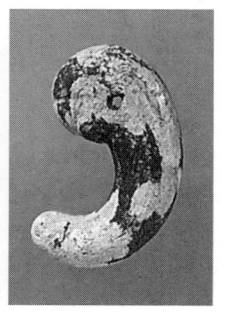

図 53 北部九州出土　弥生後期ガラス勾珠
左：佐賀県鳥栖内畑甕棺　右：福岡県須玖岡本土器棺

第 3 章　漢帝国の広がりとガラス製品　107

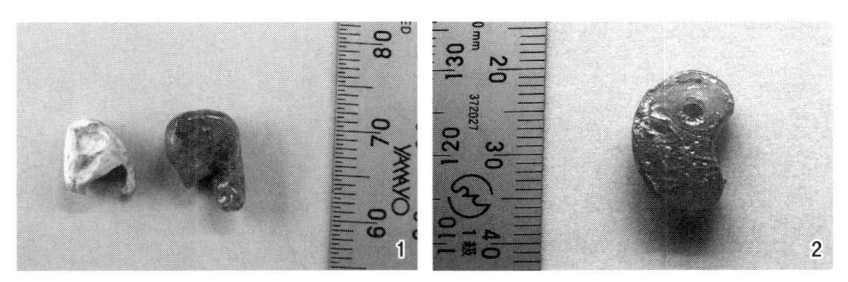

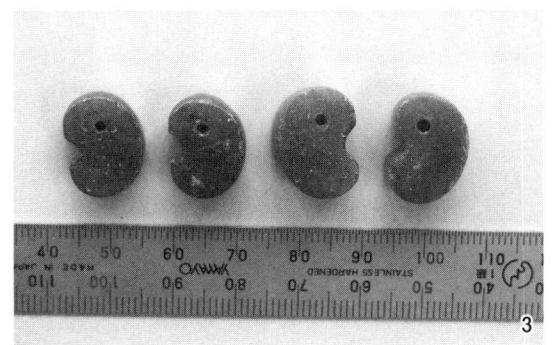

図 54　京都府丹後出土　弥生後期前葉〜中葉ガラス勾珠
　　1. 三坂神社 3 号墓　2. 大山 5 号墓　3. 左坂 24-1 号墓

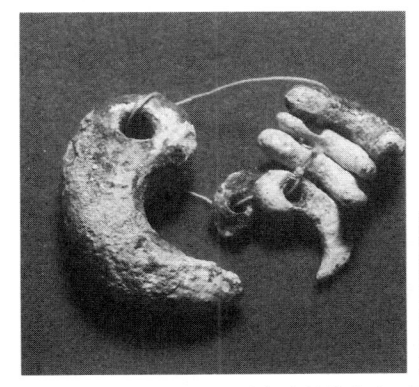

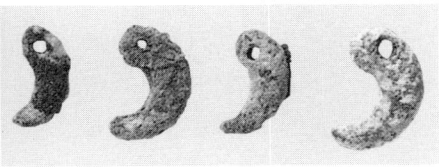

図 55　京都府丹後出土　弥生後期後葉〜末葉ガラス勾珠
　　左：坂野丘第 2 主体　右：浅後谷南墳墓第 1 主体

に増加する。この定形系の勾珠は九州で成立した定形勾珠の形態に倣いつつも、この地域に独特な尾部の細い形態で、この地域すなわち丹後で製作されていたと考えられるものである（図55）（小寺 2006a）。

また特に北近畿では、後期前葉から中葉にかけて、カリガラスの小珠が多くの墓に非常に大量に副葬されている。しかし後期後葉になると、他地域ではガラス小珠の副葬が盛んに行われているのに対し、丹後では中心的な墓以外はほぼみられなくなる点が注目される。

この後期にガラスと同様に、特に日本海側で副葬品にその数量を増加していくのが、鉄剣などの鉄製武器である。鉄製武器とガラス製品の出土数や副葬状況は、北部九州と同様にこの丹後地域や山陰地域の首長が独自に大陸と接触して、それらを入手していたことを示すものである。当時の日本列島では、鉄器の本格的導入を契機とする生産活動の強化や軍事行動の活発化と、その差配や競争を通じての新たな権力形成が生じていた（野島 2000）。前代にはない大規模な墓や副葬品といったものに、その伸張する首長権が映し出されている。

特にその様相がガラス製品に表れるのが丹後である。北近畿では後期中葉までは、有力な首長と家族のものと考えられる墳墓が築かれ、鉄製品やガラス製品が副葬されていた。この頃金属器の入手を背景に急激に勢力を伸ばした丹後地域では、後期後葉になると、特に傑出した首長の墓と想定される墳丘墓が出現する。京都府大風呂南1号墓・坂野丘・浅後谷南など多人数の被葬者をもつこれら墳丘墓では、「ガラス勾珠＋ガラス小珠＋碧玉管珠」というガラス製品を中心とした珠類のセットが、墓の中心的な被葬者＝首長、または首長と密接な関係を示す被葬者に副葬されている。この副葬習俗は、鏡を中心とした北部九州や瀬戸内海側の副葬習俗と異なり、丹後独自の性格を強くもつものであった。さらに後期末葉の大規模な墳丘墓の赤坂今井では、ガラス勾珠と碧玉管珠を使用した独特の頭飾りも出土している。

興味深いのは、この珠類のセットが大規模な墳丘墓の中心的な人物に限定されているのに対し、鉄剣は墳墓の裾に埋葬されている被葬者などの中心的でな

第3章 漢帝国の広がりとガラス製品　109

表5　弥生時代出土ガラス製品 組成表

		SiO_2	PbO	BaO	Na_2O	K_2O	Al_2O_3	MgO	CaO	Fe_2O_3	CuO	MnO	文献
弥生中期	佐賀県吉野ヶ里 SJ1002甕棺墓 管珠	41.2	35.72	11.43	6.82	0.25	0.46	0.27	0.42	0.06	0.48		1
	佐賀県宇木汲田 管珠	38.9	43.5	7.59	4.68	0.21	0.56	0.95	2.83	0.3	0.42		2
	福岡県須玖岡本D号甕棺 管珠	38	38.5	14	3.9	0.19	0.35	0.15	1.1	0.29	0.78		2
	福岡県立岩28号甕棺 管珠	+	+	+	+	+	+			+	+		2
弥生後期	鳥取県宮内 管玉	45.4	38.9	12.5		0.7			1.1	0.1	0.1		3
	京都府赤坂今井 管玉	48.2	21.1	19.1		0.1			0.1	1.6	7.8		3
	岡山県有本 管玉1	45.9	30.5	14.8	1	0	0.7	2.5	4.2	0.04	0.3	0.06	4
	岡山県有本 管玉2	43.3	33.4	16.2	0.1	0.02	0.6	2.4	3.7	0.04	0.34	0.07	4
	熊本県下山西 勾玉		38	11.1	3.91	0.09					0.81		5
朝鮮半島	扶余合松里 管玉	51.38	26.73	11.98	6.28	0.04	0.69	0.53		0.26	1.08		6

文献 ①佐賀県県教育委員会 1992　②山崎 1987　③峰山町教育委員会 2004　④綾野 2000　⑤山崎・室住 1986　⑥李健茂 1990

い人物にまで副葬されており、また小規模の墳墓群でも副葬されている点である。この時期に増加する鉄剣は、常に権力の象徴として捉えられるが、副葬品組成を詳細に検討すると、珠類のほうがその象徴とみるにふさわしい様相を示す。

　これら珠類のセットは、急激に勢力を伸ばした大首長たちが中小の首長との差別化を図り、その権威を高めるために、独自の副葬品を創出し共有したものと思われる。すでに多数入手されており、実用品でもある鉄剣では、その意図を果たし得なかったのだろう。それ以前になかった定形系のガラス製勾珠が、この独自の副葬品の中心となる。ガラスは搬入品であり、すなわちその勢力の背景でもある、鉄をもたらす外部社会の権威を象徴するものであった。それを格が高いと考えられている定形勾珠に改鋳し、一連のセットとして身につけた、または副葬したと想定される。共有には大首長たちの紐帯の強化という側面もあったのだろう。大首長の墳丘墓以外の墓からガラス製品がほぼみられなくなった状況からは、彼らによる強い副葬規制の存在もうかがえる（小寺2006a）。

　北部九州と北近畿いずれにおいても、傑出した首長たちが登場した直後の出来事であり、その権威を確立する必要性があった。ガラス勾珠・管珠は権威の象徴として、また政治的な紐帯を示すものとして、いわばその可視的な確認ツールとして弥生社会で使用されたのであろう。いずれも舶載ガラスを改鋳したガラス勾珠を、最重要視した点が興味深い。「首長権力の拠り所」である外部社会を象徴するガラスと、国内において高い政治性と象徴性をもつ勾珠の形態、この二つを融合し、二重の意味で高い象徴性を付与することができたためと思われる。ここではガラスの可塑性という特徴が大きく寄与しており、まさにガラスならではの使用法といえよう。

ガラスの副葬方法

　このようなガラス製珠類はどのような形で副葬されたのだろうか。弥生時代

を通じて、石製やガラス製などさまざまな珠類が死者に副葬されてきた。それら珠類は首飾りや頭飾りなどの装飾品の形態をとるもの、数珠状に棺内に添えおいたもの、頭部の位置に集中して出土したもの、広く散乱して出土したものなど、さまざまな状態がみられる。しかしその中で、特に意図的にガラス製珠類を選択して使用した副葬の方法や、また葬送儀礼がみられるのである（小寺2006c）。

① 頭飾り

装飾品としては最も多いものとして、他の珠類と同様、あるいは他の石製珠類とともに組まれた首飾り・耳飾り・手玉（＝手首飾り）などがみられるが、ガラス製品を使用した特徴のあるものとして頭飾りがあげられる。出土例はわずかであり、すべてガラス製品が使用されている。

吉野ヶ里遺跡の中期中葉のSJ1002甕棺から出土したガラス管珠は、ヘッドバンド状の製品の可能性が指摘されている（佐賀県教育委員会 1994）。また福岡県の中期後葉の立岩遺跡28号甕棺墓から出土したガラス管珠は、その出土状態からこれもヘッドバンド状の頭飾りが想定されている（図56）（福岡県飯塚市立岩遺跡調査委員会編 1977）。一方、京都府丹後の後期末葉の大規模な墳丘墓である赤坂今井第4埋葬では、ガラス勾珠と碧玉管珠による頭飾りが着装状態でみつかっている（図57）（峰山町教育委員会 2004）。現在のところ、このような頭飾りはガラス製品を使用したもの以外は出土していない。上述したように、北部九州の中期中葉から後葉と、丹後の後期後葉から末葉の時期は、どちらも首長権を示すために副葬品にガラス製品が選択された時期でもあった。これらの頭飾りもまた、ガラス製品が使用されている点に大きな意味があると思われる。

② 頭部の保護とガラス小珠

頭部（一部頸部から胸部）があったと思われる位置で狭い範囲に集中している、珠類の出土例がみられる。その集中状態は円状・楕円状・方形状などになっている（図58）。中期後葉以降から後期中葉まで北近畿を中心にみられ、特

図 56 立岩28号甕棺　頭飾り出土状況　　**図 57** 赤坂今井　頭飾り出土状況

に三坂神社墳墓群や左坂墳墓群など丹後の主要な墳墓に頻出するが、後葉になると件数が減少する。山陽側では珠類を多数もつ厚葬墓が出現する段階（後期後葉以降）になると、京都府芝ヶ原古墳（後期末葉）にこの配置がみられるようになる。使用する珠は一部碧玉管珠がみられるが、大半がガラス小珠である。その集中状態から、被葬者を埋葬する際に布に縫い付けるなどしたガラス小珠を、頭部の下または顔面上に置いたと推定できる。その背景には「頭部の保護」という意図があったと考えられる。

　すでに述べたように、漢代においては「玉（ギョク）」は遺体を保全し昇仙する効用があり、またガラスにも同様の効力が存在すると考えられていた。その中で箱型覆面、また頭部だけの玉衣といったものがあることからも、とりわけ「頭部の保護」が重要であったことがうかがえる。この弥生時代における頭部を保護する葬送儀礼は、この中国の葬玉の思想の影響を受けた可能性があ

る。特に搬入されたガラス珠を使用して、このような葬送儀礼が行われたということは、形だけの模倣ではなく、呪的な「玉」の効用の理解をもって、この思想を取り入れた可能性もあろう。小山田（1995）も弥生時代後期の副葬において、珠の呪力が遺骸に対して強く観念されており、遺骸保護のために使用した、としている。そしてその珠の呪力とは中国からの思想的影響という視点で理解し、中国の「玉」のもつ呪的観念のもとに、本来は装飾用であるはずのガラス小珠や管珠などの珠類が葬玉に転用されたのだと考察している。北近畿は当時盛んに大陸と接触を図っていたことは、鉄製品の研究からも知られている。そのような頻繁な接触の中、葬玉の思想もまた受け入れられたのだろう。そこには、単にモノだけでなく、知識や概念まで含めた先進的な文化を取り入れようとする、当時の人々の積極性がうかがえる。この頭部を中心とした珠類の集中的な配置は、古墳時代にも継続して存在する。

　このようにその副葬方法からも、当時ガラスが単なる装飾品ではなく、先進的な中国地域の文化の象徴であり、またそのつながりを象徴するものであったことが示されている。しかしガラス製品が高度な政治性

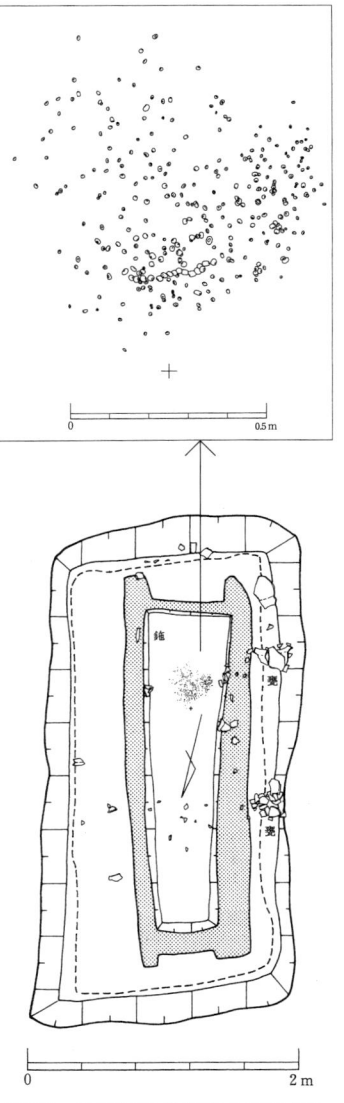

図58　兵庫県香住門谷3号墓第1主体　珠出土状況

や強い象徴性をもつことは、日本列島においてその後みられない。この点においても、弥生時代におけるガラス製品は重要であり、東アジア社会との関わりをさまざまな角度から示す、注目すべき遺物である。

（2）朝鮮半島のガラス

　朝鮮半島では無文土器時代後期にガラス製管珠が出現する。おおよそ中国の戦国時代後期～漢代初期に併行する時期であり、その後漢代併行期にあたる原三国時代（前1世紀中頃～3世紀頃）には管珠・曲珠・小珠といったガラス製珠類がみられる。これらガラス製品の大半は墳墓からの出土である。なお韓国ではC字型に湾曲し、一部に孔をあけた珠（日本でいう勾珠に近い形態の珠）を曲珠と呼称している。このため朝鮮半島土品は、このタイプの珠をすべて曲珠と表記する。

　最初に出現するガラス製品は、おおよそ時期的には前3世紀～前2世紀頃で、無文土器時代後期前半の青銅器3期（武末 2002 の編年による）の忠南・全北の墳墓（忠清南道扶余合松里・全羅北道長水南陽里他）から管珠が出土する（図59・60）。多鈕細文鏡・細形銅剣・鉄製品等と共伴しており、その地域の首長クラスの墓ではないかと考えられている。この管珠は長大太身の形態をもつもので、青色・青緑色系の色調を呈し、白色の斑点や螺旋状の筋がみられるのが特徴的である。巻付技法により個別に製作されたもので、その規格性の高さから一貫した製作がうかがえる。成分分析によると中国系の鉛バリウムガラスであった（表5）。日本の吉野ヶ里から出土したガラス管珠と同系統のものであると考えられており、この地域との接触により、弥生人がこのタイプのガラス管珠を入手したものと推測されている。

　吉野ヶ里管珠も含めて、このタイプの管珠は中国で作られたガラス製品（または材料としてのガラス塊）を入手し、それを朝鮮半島において溶解、製作した可能性が有力であった（李仁淑 1989、岡内 1993）。しかし、この管珠と非

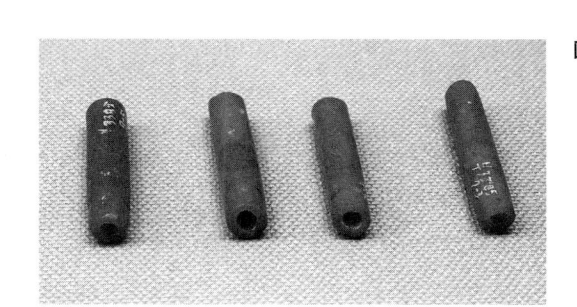

図59 扶余合松里 ガラス管珠

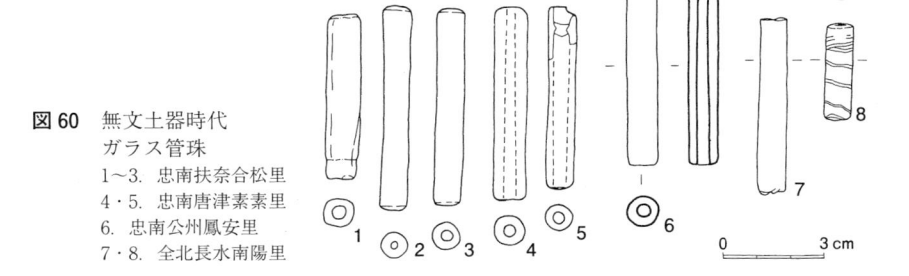

図60 無文土器時代 ガラス管珠
1〜3. 忠南扶奈合松里
4・5. 忠南唐津素素里
6. 忠南公州鳳安里
7・8. 全北長水南陽里

常によく似たガラス管珠が、戦国時代末期〜前漢初期とされる中国吉林省樺甸県横道河子墓から出土している（劉昇雁・黄一義 1988）。詳細は不明だが、管珠の写真をみると法量・色調がよく似ており、製作技法も同じ巻付技法と考えられる。この出土例を鑑みると、中国で製作された可能性も考慮に入れなければならない。中国での製作であるならば、このタイプのガラス管珠は横道河子墓以外では中国で出土例が知られておらず、中国北方で独自に作られたガラス管珠であった可能性もある。一方朝鮮半島での製作とするならば、この場合工人の流入と、製作技術のみの流入、双方が考えられるだろう。

朝鮮半島の青銅器文化は中国の北方文化との関係が密接であり、その接触の中でこのガラス管珠もしくはその素材や製作技術が伝来した可能性がある。しかし残念ながら、その製作技術や副葬品としての重要性はのちの文化に継承されなかったようだ。その後ガラス管珠自体の存在が数百年にわたり朝鮮半島に

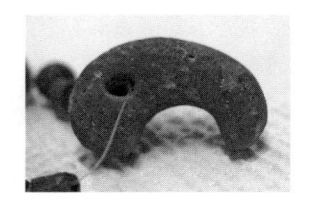

図61　昌原三東洞31号甕棺　ガラス曲珠

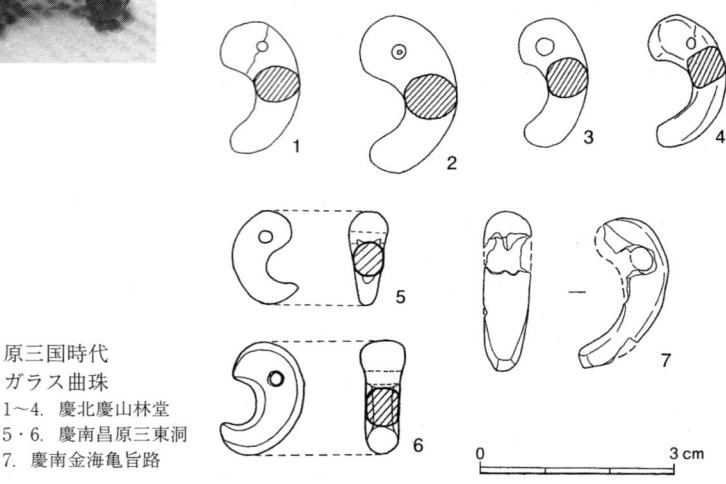

図62　原三国時代
　　　ガラス曲珠
　　　1〜4. 慶北慶山林堂
　　　5・6. 慶南昌原三東洞
　　　7. 慶南金海亀旨路

おいて途絶えてしまうのである。

　前漢の武帝は前108年に朝鮮半島北部に楽浪郡を置き、この地域の直接支配へと乗り出した。一方朝鮮半島のその他の地域は、紀元前1世紀後半頃から原三国時代と呼ばれる時代へと移っていった。その後の三国が鼎立する前段階でもあるこの時期は、有力な首長たちも生まれ、墓の規模や副葬品に階層差がよりはっきりと現れてくる時代でもあった。

　無文土器代終末期の紀元前1世紀中頃にガラス小珠が出現し、原三国時代前期には散見されるようになる。さらに原三国時代後期にはガラス管珠・曲珠が散見され、またガラス小珠の出土が増加している。ガラス小珠はカリガラスを中心としてソーダ石灰ガラスがみられ、この時期に東アジアで多数流通していた小珠の様相と同様である。

　原三国時代のガラス管珠・曲珠の出土は、2006年の段階でいずれも20点弱

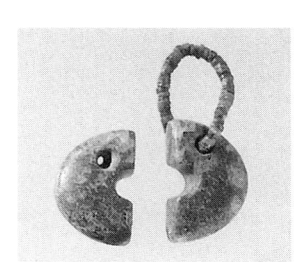

図63 大田槐亭洞石棺墓　天河石製曲珠

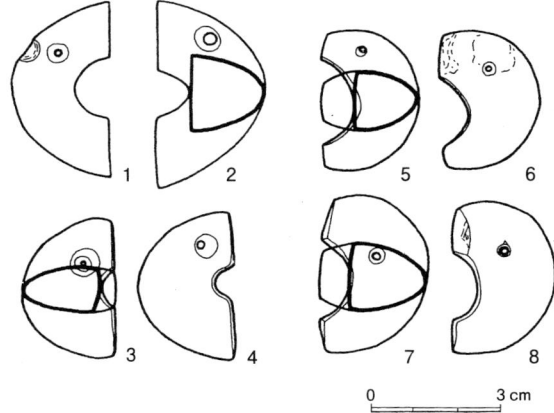

図64 無文土器時代の定型化した天河石製曲珠
1. 忠南牙山南城里
2. 忠南扶余蓮華里
3・4. 忠南大田槐亭洞
5・6. 忠南松菊里石棺
7・8. 慶北盈徳烏浦洞

ほどであり、量的には少ない。その組成は鉛バリウムガラスが中心で、その他カリガラス・ソーダ石灰ガラスがみられる。ガラス管珠は慶尚南道昌原三東洞や慶尚南道金海亀旨路などから出土しており、これら原三国時代のガラス管珠は、形態からも漢代に中国で出土するガラス管珠の範疇に含まれるものである。中国内で製作されたものが、漢帝国との接触の中で伝来したと考えて問題ないだろう。しかし日本ほど積極的にガラス管珠を求める姿勢はみられず、あくまで偶発的な伝来であったのかもしれない。

　一方でガラス曲珠は、慶州北道慶山林堂や慶州南道昌原三東洞から出土している（図61・62）。その形態は無文土器時代に製作されその後見られなくなった天河石製曲珠（図63・64）と異なっており、それ以前に半島にないものであった。これは弥生時代にみられる日本の勾珠と同様の形態をもつものである。日本で製作された硬玉製の勾珠も出土しており、原三国時代の特に出現期

のガラス曲珠は、弥生社会から入手されたものと考えられる（小寺 2006b）。これら日本で製作された硬玉製・ガラス製の勾珠は、半島南東部の人々が与えた鉄製品や技術・知識の対価として、弥生人が贈った可能性が考えられる（田村 1986）。紀元前後の遺跡から日本製の青銅武器形祭器や小形仿製鏡などがこれらガラス曲珠が出土する地域より出土しており、弥生社会から朝鮮半島に製品が持ち込まれている状況がうかがえること（小田・武末 1991）は、この推論の傍証となろう。これはその後の朝鮮半島における、各種の曲珠の製作を否定するものではない。この新しい形態の珠を好むようになった半島の人々は、やがてガラスや石などさまざまな素材によって生産を開始し、三国時代には自国の珠のひとつとしての地位を確固たるものにしたと考えられる。

　これら弥生社会製のガラス曲珠（勾珠）は、当時の東アジアにおける交流が、中国→朝鮮半島→日本という一方向的な流れではなかったことを示す、興味深い遺物である。

（３）ガラス小珠の広がりとアジア各地の交流

　弥生時代のガラス小珠は現在出土したものだけでも５万点以上を数える。その大部分がカリガラスで、驚くほど多数のカリガラスの小珠が列島内に広く流通していたことがわかっている。また非常に珍しい遺物として、カリガラスの釧が存在する。丹後の大風呂南１号墓（弥生後期後葉）（図65）から出土したガラス釧は、澄んだ鮮やかな淡青色を呈し、驚くほど透明度が高い（岩滝町教育委員会 2000）。小珠や釧といったこれらカリガラス製品もまた列島外から搬入されたものである。

　このカリガラスは紀元前３世紀頃から紀元後３世紀頃にかけて、アジアに非常に多数分布するもので、独特の組成をもったガラスであり、西方にはみられない。その圧倒的多数が小珠であるが、その他、耳飾り、環状製品、器とさまざまな製品がみられる。その分布は中国・朝鮮半島・日本そしてベトナムに多

図65　大風呂南1号墓　ガラス釧

く、東南アジア各地やインドでも出土している（表6）。

　非常に多数の遺物が出土しているとはいえ、大多数が小珠である。小珠はその形態から細かく分類することが難しい遺物であり、形態分類からガラスの製作地を推定することは難しい。また現在までカリガラスの製作址は東アジアでは出土していない。

　カリガラス自体は紀元前600〜前300年のインドで発見されており、この時期もインドでカリガラス製のガラス小珠が多くはないが作られていたようである。一方、前述したように、中国ではこの時期中国南部を中心にカリガラスの小珠の他、器や環が出現しており、中でもカリガラスの器や環は中国で製作されたと考えて問題ない。化学的分析からも、カリガラス素材の一部が中国で製作されていた可能性は高く、中国がカリガラスの製作地のひとつであったことは間違いないだろう。

　一方で、近年化学分析が特に盛んになり分析例が増えるにつれ、カリガラスの小珠の中でもその組成の違いが明らかになってきた。近年の研究において、日本列島で出土するカリガラスは材質的に細分でき、酸化アルミニウムと酸化カルシウムの含有量から大きく二つのグループに分けられることが報告されている（肥塚 2010）。酸化アルミニウムと酸化カルシウムの含有量が中間的な値

表6　漢代併行期のカリガラス製品 組成表

国名	遺跡・遺構	製品	SiO_2	PbO	BaO	Na_2O	K_2O	Al_2O_3	MgO	CaO	TiO_2	Fe_2O_3	CuO	MnO	CoO	色調	文献
日本	京都大風呂南	釧	82.8				12.3	2.7		1		0.4				淡青色	1
日本	兵庫東梅田10号墓	小玉	75.9	0.06		0.7	16.4	3.8	1	0.5	0.1	0.4	1.27	0.05		淡青色	2
日本	京都三坂3号墓	小玉	77	0.06		0.6	16.9	3	0.4	0.5	0.07	0.52	0.98	0.01		淡青色	3
日本	京都三坂8号墓	小玉	76.3			0.4	17.8	1.7	0.4	0.8	0.07	1.3	0.02	1.12	0.06	青紺色	3
韓国	慶山林堂A-I-139号	小玉	76			1	18	1.8	0.15	0.79	0.2	0.76	0.76	1.1		青色	4
韓国	昌原三東洞甕棺墓	小玉	77.32		0.27	0.36	17.6	1.36	0.32	1.16	0.12	1.89	0.04	1.8		青色	5
韓国	慶州朝陽洞	小玉	73.47	0.01	0.3	0.89	14.9	3.48	0.42	1.42	0.2	2.38	0.02	2.29		暗青色	5
中国	広西合浦文昌塔M1	亀型器	77.87				16.97	1.55		1.42		2.14				緑色	6
中国	広西貴県汽車路M5	盤	77.7			1.62	16.8	3.17				0.7				青緑色	6
中国	広西省合浦県文昌塔M70	杯	79.69				16.22	2.14	0.01	0.41		1.36	0.22			淡青色	6
中国	河南省南陽市陳棚村M68	器	82.12		0.02	0.66	12.18	2.14	0.41	1.91	0.15	0.34		0.05		淡青色	7
中国	甘粛酒泉	耳当	78.48				16.75	1.91				1.05				藍色	6
中国	広西貴県北郊M7:32	耳当	78.11			1.56	13.76	3.22	0.68			1.25		1.52		墨緑	6
中国	広州漢墓	珠	76.97			0.49	13.72	7.15	0.28	0.67		0.57				月白色	8
その他	ランサヴァック(ベトナム、1世紀頃)	腕輪	79.68	—	0.01	0.25	14.6	0.74	0.38	2.95	0.15	0.86	0.024	0.068		灰青色	5
その他	〃	ビーズ	79.6	0.05	0.005	0.51	14.5	2.69	0.28	0.82	0.11	1.06	0.03	0.04		淡青色	5
その他	アリカメドゥ(インド、1世紀〜)	カレット	80.48	0.03	0.01	0.59	14.3	1.86	0.29	1.55	0.05	0.57	0.004	0.02		青色	5
その他	〃	ビーズ	76.98	0.06	0.1	0.63	13.3	2.13	0.38	2.21	0.14	1.88	0.04	1.67	0.15	濃青色	5

文献　①肥塚 1999b　②兵庫県教育委員会 2002　③大宮町教育委員会 1998　④韓国土地公社・韓国文化財保護財団 1998　⑤Brill 1999　⑥李青会 2005b　⑦河南南陽市文物考古研究所 2008　⑧広州市文物管理委員会・広州博物館 1981

を示すものは、紺色透明を呈し、これらはインドから東南アジアを経て、日本列島や朝鮮半島まで広域的に分布する。一方酸化アルミニウムの含有量が多く、酸化カルシウムの含有量が少ないものは、淡青色透明を呈する。これは中国南部からベトナム中部を中心に分布することが知られている。

　この他、東アジアにおけるカリガラスは、この二種類とガラスの材質やその着色剤が異なるものが少量ではあるが出土している。たとえば北朝鮮楽浪土城址や中国広西省の後漢墓から出土する、赤褐色不透明を呈するガラス小珠は、酸化アルミニウムの含有量が比較的多いが、酸化マグネシウムを3％程度以上含有するなど、上記のカリガラスと区別される。さらにその着色に銅のコロイド技術が用いられており、当時の中国ではこの技術は知られていなかった。

　これら化学分析から、カリガラスはひとつの産地ではなく、二つの中心的な産地と、さらにそれ以外のいくつかの産地が推定されるのである（肥塚2010）。中心的な産地のひとつが上述したように中国であろう。

　中国南方でカリガラスが作られはじめた時期は、漢帝国が東南アジアへのより積極的な関わりをもった時期であり、また東南アジアのみならず広く各地と接触をもった時期である。その動きの中で西方のガラス器や、西方や南アジアのソーダ石灰ガラスの小珠が中国に搬入されていたであろう。異なるガラス製品やその文化と接触したために、これまでと異なるガラス製品の製作が開始されたと考えられる。原料配合技術についても何らかの伝播があった可能性は考えられる。それらカリガラス製品の中で、その地域独自の伝統をもった耳飾り・環・器等は基本的にその地域で使用されていたが、それと対照的に小珠は非常に広い範囲に分布している。

　この時期に漢帝国という安定とその対外的な広がりの中で、商業は繁栄し、また市場もさらに広がっていった。珠類は普遍的な装飾品であり、アジア各地において広く使用されていた。さまざまな文化において装飾品として使用される小珠は、幅広い需要がある、普遍的な人気をもつ商品であったと思われる。すでにソーダ石灰ガラスを中心としたガラス小珠がインドや東南アジアにおい

て作られており、商品として流通していた。中国製のカリガラスの小珠は、このソーダ石灰ガラスの小珠の流通を手本として作られたのではないだろうか。つまり普遍的な商品として、より広い地域で商うために製作された可能性が考えられる。この中国製のカリガラスの小珠は、中国に流入していた他の地域で製作されたソーダ石灰ガラスの小珠やカリガラスの小珠と共に、漢帝国の広がりの中、遠く朝鮮半島や日本へともたらされた。日本におけるガラス小珠の出土点数は驚くほど多く、一方で朝鮮半島から小珠の出土点数が比較的少ないことを考えると、弥生社会の人々は中国との直接的な接触の中で、そして積極的にガラス小珠を入手していたと考えられる。

　日本各地にある多量のガラス小珠を考えると、ひとつの地域がひとつのルートから入手し、国内へと拡散したと考えるよりも、いくつかの地域において舶載された可能性が十分に考えられよう。すなわち、鉄製品やガラスといった舶載品を入手する、複数のルートが存在していたことをうかがわせるのである。このような多様なルートの広がりの中、ガラス小珠をはじめとするさまざまな舶載品が各地へともたらされたと思われる。弥生社会がガラス小珠を求めるその勢いは、中国をはじめとする製作地におけるガラス小珠の生産の拍車や、こういった複数の舶載ルートの活発化へとつながったのではないだろうか。

　当時の東アジアの沿海部においては、広く東南アジアまで含めた活発な交流が行われていた。さまざまな品物が行き交っていたと考えられるが、布や鼈甲、真珠などそれらの品々の大半は残りにくいものであり、現在は文献などから推測するのみである。どの地域で製作され、どのように流通したにせよ、これらカリガラスやソーダ石灰ガラスの小珠たちは、当時のアジア世界の広がりと活発な交流の貴重な証拠であり、そして日本もまたこの交流の一端に属していたことを示してくれる遺物なのである。

コラム　漢帝国とベトナムのガラス

　ベトナムでは初期鉄器文化の紀元前3世紀頃からガラス製品が登場する。北部のドンソン文化、中部のサーフィン文化、東南部のドンナイ文化の主に墓から腕輪・耳飾り・珠の3種類のガラス製品が出土している。北・中部のガラスの出現年代は紀元前後に集中する傾向がみられ（平野 2001）、特にこの時期のガラス製品には中国との関係を示すものも出土している。

　北部ドンソン文化のランヴァック（Lang Vac）遺跡は紀元前2～後1世紀頃の墓地遺跡である。墓から多数のガラス製品が副葬品として出土しており、その中には腕輪と耳飾りが多数みられる。1981年の調査で出土した腕輪と耳飾りが分析されており、それによるとカリを18%以上含むカリガラスであった（キー 2008）。ハノイ博物館に展示されているドンソン文化のガラス腕輪は、非常に透明度の高い緑色を呈し、断面は上下に狭い面取りのある五角形であった。鋳造による製作と考えられる（図66）。ランヴァックのカリガラスはMgが少ないタイプのもので、中国両広地区を中心に出土するカリガラスとその組成が近く、鋳造製作という点からも中国両広地区の製品との関係がうかがえる。一方で南部のゾンカーヴォ（Giong Ca Vo）遺跡で出土したガラス腕輪と双獣頭耳飾りはソーダ石灰ガラスで（平野 2004）、組成に違いがみられ、また腕輪の製作技法も異なっている。ソーダ石灰ガラスはインドや西アジアのガラスとして東南アジア地域に広がっており、その影響の下に製作されたものと考えられる。

　ベトナム北部は特に中国南部、広東・雲南と関係が深く、古い時代より青銅器など文化にさまざまな影響がうかがえる（今村 1998）。前203年に建国された南越国は広東・広西・ベトナム北部を支配し、続いて紀元前111年に前漢武帝が南越国を征伐した後、ベトナム北部は漢帝国の支配下に置かれることとなった。ベトナム北部には、武帝支配以後に中国系官人の墓と考えられる漢式の木槨墓や磚室墓も造営されるが、この漢墓から腰鼓型のガラス耳当、両広地区のカリガラス器と同型の器が出

図66　ドンソン文化出土　ガラス腕輪

土している。これらは中国本土からもたらされたと考えられよう。

　このような中国との密接な関係の中で、ドンソン文化の腕輪や耳飾りは、両広地区で製作されたものがこの地域にもたらされた可能性と、両広ガラスの影響のもとにこの地域で製作された可能性が考えられる。しかし腕輪の形態がそれ以前からある石製品の伝統を受け継ぐものである点、両広地区から類似の腕輪が出土していない点などを鑑みると、中国の技術の影響を受けつつ、当地で製作された可能性が高いだろう。なおこのカリガラス製の腕輪は、上述した京都府大風呂南墳丘墓から出土したカリガラス製の釧とその成分と形態が似ており、何らかの関係がある可能性も高い。

　一方でベトナムの文化が中国のガラスに影響を与えた遺物もある。広西合浦から出土した亀型器と呼ばれるカリガラス製の遺物（図67）は、中国文化ではみられないデザインだが、このデザインの原型は東南アジアでも南シナ海地域によくみられる O-lingling 型耳飾りである。特にサーフィン文化の出土量は群を抜いており、この型の石製やガラス製耳飾りが多数甕棺から出土している（図68）。サーフィン文化が栄えたベトナム中部は、海上交易の重要地点であった。当時の中国の活発な南海交易がこのような遺物を生み出したのであろう。この亀型器は O-lingling 型耳飾りのデザインをより大きくして製作しており、佩玉として使用したと思われる。異国のデザインを取り入れて中国風にアレンジしたこの国際色豊かなガラス器は、まさに当時の南海交易の活発さと人々の異国への憧憬を具現化したものであろう。

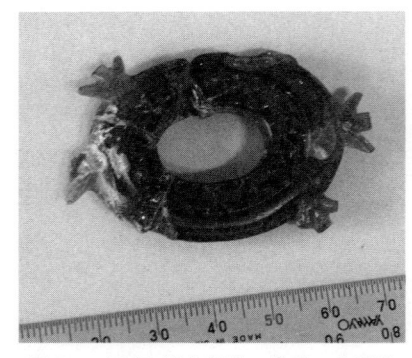

図67　広西合浦文昌塔1号墓　亀型器

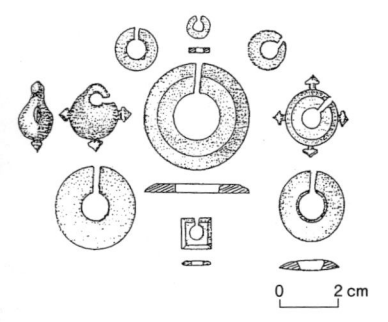

図68　サーフィン遺跡出土　O-lingling 型耳飾り他装飾品実測図

第4章　激動の東アジアとガラス

　漢帝国が滅んだ3世紀から6世紀にかけて、東アジアは大きな転換点を迎える。中国は、漢と隋唐の大統一時代に挟まれる約400年に及ぶ大分裂の時代が訪れる。種々の王朝が勃興し、また滅びるという乱世の時代であったが、一方で絢爛たる六朝文化が展開し、雲崗や龍門などの壮大な仏教遺跡群が作られた時代であった。さらに朝鮮半島や日本列島に目を向けると、大陸の影響のもと、首長制から初期国家へとその姿を大きく発展させていく時代であった。各地でみられるガラス製品もまた、前代までとその様相を大きく変化させる。それらガラス製品は、中国のみならず朝鮮、日本などで当時権勢を誇った人々の墓に副葬されており、東アジアの激動の社会状況と、そして活発化する国際交流の様相を今に伝える、雄弁な語り手となっている。

1. 魏晋南北朝のガラスと社会

　中国のガラス製品は、この時期にこれまでと大きく様相を変化させる。まず漢代まで中心的であった、玉製品を原型とした中国独自のガラス製品が、ほぼみられなくなったことがあげられよう。それには、葬玉の風がなくなったこと状況が反映している。塞玉・含・握だけは三国時代・南北朝時代まで喪儀風習として細々と伝えられているものの、後漢の滅亡とともに玉璧・玉衣は姿を消している。この時期には人々は玉の力に対する信仰を失っていったのである。その背景としては、社会の激動と、新たなる宗教である仏教の広がりなども無縁ではないだろう。この時代以降、透明性や美しさがガラス製品の重要な要素

へと変化していく。そのようなガラスへの意識の変化を映し出す現象として、この時期には非常に多数のガラス器が出土している。

（1）伝来ガラス器の様相と門閥貴族社会

表7は魏晋南北朝期に中国で出土した主なガラス器の一覧である。その器形や組成から、1例を除きすべて西方からの伝来品と考えられている。伝来品のガラス器こそが、この時代を代表するガラス製品といえよう。まず伝来ガラス器について概観したい。

伝来ガラス器の出土例

北京西郊華芳墓　突起装飾碗（図69）　西晋の墓から突起装飾碗が1点出土した。半球形の括り碗で、高さ7.2cm・口径10.7cm。色調は淡青色を呈し透明。胴部には方形状の突起が10個、底部には乳首状の突起が二個一対で突き出て台部をなす。器壁は非常に薄く、宙吹き技法で作られており、突起はつまみ出し技法による。分析によるとソーダ石灰ガラスである。この碗と同種同技法の容器はイラン・シリア・パレスティナ・エジプトなど西アジア各地の遺跡で出土している。これら出土地域からササンガラスとされることもあるが、突起装飾をつまみ出して製作する技法はローマンガラスに伝統的なもので、碗以外の器種にもよくみられており、一方でササンガラスにはみられない。このため同種の碗は、東地中海沿岸地方で製作されたローマンガラスの系統と考えられている。

この墓は西晋の幽州都督王浚夫人（307年卒）の墓で、北京で発見された西晋墓では最大規模を誇る（北京市文物工作隊 1965）。

江蘇南京象山7号墓　切子杯（図70）　東晋早期の男女の合葬墓で、男性墓から1点、女性墓から1点出土した。男性墓のガラス杯は完形の筒型切子杯で、高さ10.4cm、口径9.4cm、厚さ0.5〜0.7cm。色調は黄緑色を呈し透明。口

第 4 章　激動の東アジアとガラス　127

表 7　魏晋南北朝期の遺跡から出土した主なガラス器

遺跡名	時期	玻璃製品	ガラスの種類
北京西郊華芳墓	西晋	突起括碗	ローマンガラス
湖北鄂城五里墩 M121	西晋前期	切子括碗	前期サーサンガラス？
湖北漢陽祭甸 1 号墓	六朝早期	瓶？	不明
江蘇南京石門坎六朝墓	六朝早期	碗盞器残片	ローマンガラス
江蘇南京象山 7 号墓	東晋早期 (322 年墓)	切子杯 2	ローマンガラス
江蘇南京大学北園東晋墓	東晋早期	杯	ローマンガラス
江蘇南京富貴山 M4	東晋早期	括碗	ローマンガラス
江蘇南京仙鶴観 M6	東晋早期	切子括碗	ローマンガラス
江蘇南京北郊東晋墓	東晋末	切子杯他	ローマンガラス
江蘇句容春城劉宗墓	南朝宋 (439 年)	切子括碗他	中期サーサンガラス
遼寧北票西官営子北燕馮素弗墓	北燕 (415 年卒)	碗 1、杯 1、鴨形水注 1、残鉢 1、残器 1	後期ローマンガラス
山西大同南郊張女墳北魏墓群 M107	北魏	切子括碗	中期サーサンガラス
河北定県北宗塔基	北魏 (481 年)	鉢 1、瓶 2、胡蘆瓶 3、残器底 1	中国製ガラス
河北景県封魔奴墓	北魏 (521 年改葬)	横帯文碗	後期ローマンガラス
河北景県祖氏墓	北魏	網目文杯	後期ローマンガラス
寧夏固原西郊深沟村李賢夫婦墓	北周 (569 年卒)	浮出円文切子碗	後期サーサンガラス
寧夏固原北周田弘墓	北周 (575 年卒)	玻璃花弁残片	不明
陝西咸陽国際機場	北周	磨花碗	詳細不明
新疆若羌楼蘭故城遺跡	漢〜晋	器残片 6、切子杯残片	ローマンガラス
新疆且末県扎滚魯克 1 号墓地 M49	5〜6 世紀	磨花碗、図形磨飾残片	詳細不明
新疆尉犁営盤墓地 M9	東漢〜南北朝	切子杯	後期サーサンガラス
新疆巴楚脱庫孜薩来遺址的佛寺	魏晋南北朝	切子杯	後期サーサンガラス
新疆洛浦拜格俄勒克村塔拉克尔遺址	4〜6 世紀	凸文ガラス残片 2 片	詳細不明
新疆策勒達瑪沟郷卡拉馬克沁城	南北朝〜唐	茶色・深緑色器残片	詳細不明
新疆庫車森木賽樹石窟	4〜8 世紀	深藍色・浅黄色器残片	詳細不明
新疆庫車森木賽樹石窟	南北朝〜唐	貼付円形浮文高脚杯	後期サーサンガラス
新疆巴楚脱庫孜薩来古城	魏晋〜唐末	高脚杯残足、器残片	詳細不明

図69　北京西郊華芳墓　突起装飾碗 　　　　図70　南京象山7号墓　切子杯

図71　西官営子北燕馮素弗墓　鴨形水注

縁はやや外反しており、胴部は弧形で平らな底部に向かってすぼまっている。器壁は非常に薄く、宙吹き技法で作られたもので、杯身の全面にカット装飾が施されている。口縁部下に太い横帯刻文を、さらにその下側に細い横帯刻文を2本施し、その間に36個の小さな楕円文を施す。また下側の刻文の下、胴部に杯身を廻って7個の二重楕円文を施し、楕円文の間に縦の刻文を施す。女性墓のものは破砕されていたが、男性墓と同様のガラス杯と思われる。分析によるとソーダ石灰ガラスで、ローマンガラス器である。このタイプの切子ガラスはアレクサンドリアやシリアを中心とする、東地中海のローマンガラスの製作

地で作られたと考えられており、類型品はその他地中海南岸、黒海北岸、ライン川流域、スカンディナビア一帯から多く出土しており、東西に大きな広がりをみせている。

　この墳墓群は大貴族王氏一族のもので、7号墓は墓の規模や出土品の数量・種類が抜きんでている。報告書では王廣（322年卒）とその妻の墓と推定している（南京市博物館　1972）。

遼寧北票西官営子北燕馮素弗墓　ガラス器（図71）　北燕の墓から、高台付浅鉢、碗、杯、鴨形水注、脚付杯の脚部の5点のガラス器が出土した。特に注目されるのは鴨形水注である。これは宙吹き技法で製作された鴨形と考えられる器で、長さ20.5cm・腹径5.2cm。色調は淡緑色を呈し透明。横長で、一方の先端は頸のように伸びた円筒から鴨のような平たい嘴を張り出し、他方は尾部のように細く長く伸ばしている。中央は膨らみ胴部を表していると思われる。頸の付け根から胴部にかけては細いガラス紐を貼り付けて装飾している。頸部には蛇行したガラス紐を巻き、背側に2枚の羽を、腹側には折った2本の脚を想定したと思われるガラス紐を貼り付けている。腹底には平らに整えられたガラス盤が溶着されており、台として機能している。このような動物型の中空の容器はローマンガラスでよくみられるもので、時代は少し早いが、先述するアフガニスタンのベグラム遺跡から出土したローマンガラスの中に、同様の技法で作られたドルフィン形容器が出土している。また、このような紐状装飾もローマンガラスでみられるものである。特にドイツのケルン地方出土の同時代のガラス器には、類似のガラス紐飾りをつけた魚形容器、鳥形容器が多い。年代が4世紀とされる南ロシアの遺跡からもその類似品が出土している。地中海周辺か、ドイツのライン川流域のローマンガラスの産地で作られたものと考えられる。他のガラス器をみると、碗は淡緑色透明、杯は濃緑色透明、鉢は淡緑色透明で、鴨形器も含めていずれも宙吹き技法で製作されており、色調も似通っている。しかし鴨形水注以外は装飾もなく、非常にシンプルな器といえる。破片を復元した鉢が分析されておりソーダ石灰ガラスである。これらはいずれも

典型的なローマンガラス器である。

　この墓は北燕の高官の馮素弗の墓で、墓の主人は北燕太平6/7年（414/415年）に亡くなった。墓や遺物には、北方遊牧民族である鮮卑の習俗がみられる一方で、漢文化の特徴をもつ遺物も多く、文化の交流を示している（中国社会科学院考古研究所編著 1988）。

河北景県封魔奴墓・祖氏墓　ガラス器（図 72）　北魏の祖氏墓からは網目装飾のある杯1点が出土した。口縁に向かってやや開いている碗型で、高さ6.7 cm、口径10.3 cm、厚さ0.2 cm。非常に薄く、表面は風化により白色がかっているが、本来の色調は淡青色で透明。宙吹きにより碗型を作り、口縁は外側に折り返して中空環状に仕上げている。この口縁の処理技法はローマンガラス特有のものである。底部はガラス棒を巻きつけて高台としている。胴部下半分にガラス紐を三本蛇行させて貼付、網目文を作り出している。このようなガラス紐を巻きつけて作る網目文様は、後期ローマンガラスのひとつの典型的な装飾パターンで、類型品は地中海周辺地域や、ケルン、黒海北岸から多量に出土している。特に黒海北岸にある5世紀のローマ遺跡では、非常に多数の波状文や網目文のガラス器が出土している。中央アジアではカザフ共和国のカラ・アガチ（5世紀）から同様の波状文をもつ高脚付ガラス杯が、東アジアでは朝鮮の新羅古墳（6世紀前半）から網目文杯が出土している。

　封魔奴墓からは浅い碗型容器が1点出土した。高さ4.0 cm・口径11.4 cm。風化により表面は銀化しているが、本来の色調は濃青緑色で透明。宙吹きにより浅い碗または杯型を作り、胴と一体に作った環状高台を底部に配している。胴部上方に細いガラス紐を一条巻きつけて横帯状の飾りとしている。この碗は典型的なローマンガラスの技法によって作られたものである。

　祖氏墓、封魔奴墓は同じ墓群中にあり、いずれも北魏の高官であった。封氏一族は、北魏から北斉の間の上層貴族で、官職は非常に高く、魏書・北斉書には彼らの列伝が記載されている。封魔奴は北魏太和7年（483年）に平城で亡くなったため平城に葬られたが、正光2年（521年）に故地である河北に改葬

図72　景県封氏墓群
1. 祖氏墓網目文杯　2. 封魔奴墓碗

図73　固原李賢夫婦墓　浮出円文切子碗 　　**図74　江蘇句容市春城劉宋墓　切子碗**

された（張李 1957）。

寧夏固原李賢夫婦墓　浮出円文切子碗（図73）　北周の墳墓から浮出円文切子碗が1点出土した。高さ8cm、口径9.5cm、腹径最大9.8cm。器壁は非常に厚く、淡緑色を呈し透明。型吹きにより半球形の碗型を厚く作り、胴部側面の上段に8個、下段に6個の浮出円文切子を施し、底部に高台を兼ねて1個の浮出円文切子を配している。典型的な後期ササンガラスの切子碗で、ササンのガラス工房があったイラクのキッシュから類例が出土している（Langdon & Harden 1934）。アジアでは日本の沖ノ島祭祀遺跡から同様の碗の破片が出土

している。

李賢は北周の高官で天和4年（569年）卒。ガラス碗の他に人物レリーフ文のあるペルシア製の銀器も発見されている（寧夏回族自治区博物館他 1985）。

新疆且末県扎滾魯克1号墓地　切子杯　切子杯が1点出土した。高さ6.8cm、口径6.8cm、底径1.3cm。色調は淡緑色を呈し、本来は透明。杯を型吹きにより厚めに作り出し、胴部には切子を3列配している。上列は長めの楕円文を13個、中列は円文を13個、下列は円文を7個カットし、また底部は円文を1個カットしている。典型的な後期ササンガラスで、同じくキッシュから類例が出土している。報告書（新疆博物館他 1998）ではこの墓の時期は2・3～5・6世紀と時期があいまいであるが、このタイプのササンガラスの製作年代の中心は6世紀であり、墓も同じ年代であろう。

　これら出土ガラス器と出土した墳墓を概観すると、以下のような特徴がみられる。まず墳墓の時期と王朝には偏りがみられる。西晋の墓から2点出土した後、江南では大半が東晋の墳墓から出土している。一方華北では北魏を中心に北燕と北周の墓から出土している。またそれぞれの王朝から出土したガラス器の特徴や製作地についても、南北とで様相を異にする。以下、その異なる様相について述べたい。

西晋・東晋・南朝墓から出土したガラス器の様相

　西晋・東晋・南朝のガラス器を出土した墓は、西晋期（265～316年）が2基、東晋期（317～420年）に属するものが10基と、南朝宋（420～479年）の439年に埋葬された墓が1基であり、大半が東晋期の墓である。西晋の2基のうち華芳墓の被葬者は307年に没しており、4世紀がこれらガラス器伝来の中心時期であるといえる。判明している被葬者は、いずれも高官や大貴族、王族といった非常に上層階級の人物であった。

　出土したガラス器は、破片で不明なものを除くと杯と碗（鉢）であり、碗が大半を占める。碗はその形態から括り碗と呼ばれることが多い器形がほとんど

で、高さが7～8cm、口径8～10cmと大きさにばらつきが少ない。また器壁が全体的に薄い点や、ほぼすべて装飾をもっている点も特徴的であろう。その装飾はカット技法やつまみ出し技法によるもので、東地中海のローマンガラスにみられる技法が使われている。これらガラス器は類例が同時期の東地中海沿岸や西アジアによくみられるもので、後述する2点を除いて、東地中海沿岸やケルンなど当時のローマンガラスの生産地において製作されたローマンガラス器である。

　ローマンガラスが大半を占める中で、ササンガラスの碗が2点ある。1点は西晋の湖北鄂城五里墩121号墓の切子碗で前期ササンガラス、1点は宋の江蘇劉宋墓（439年埋葬）の切子碗（図74）で中期ササンガラスと考えられている。

北燕・北魏・北周墓から出土したガラス器の様相
　五胡十六国と北朝のガラス器を出土した墓は、北燕（409～436年）が1基、北魏（386～535年）が3基、北周（556～581年）が3基である。判明している被葬者は高位の貴族や高官など、非常に上層階級の人物であった。

　ガラス器の様相は南朝の西方ガラスに比べると一様ではなく、またその特徴も異なっている。大きく後期ローマンガラスと中・後期ササンガラスの2種類のガラスが出土している。北燕馮素弗墓（415年卒）、北魏封魔奴墓（483年卒・512年改葬）、祖氏墓からは、浅碗、碗、杯、鴨形水注などさまざまな器形のガラス器が出土している。水注や碗など一部はガラス紐により網目文や横帯文などの装飾が施されており、また一方で装飾がないシンプルなものもある。南朝で出土しているカット装飾などを主体とする文様をもった括り碗と、その様相を大きく異にする。上述したように、これらのガラス器は、地中海沿岸またはドイツケルン地方などで作られた後期ローマンガラスである。

　一方、より時期が下るとローマンガラス器はみられなくなり、ササンガラス器が登場する。北魏の大同の遺跡から1点、北周から2点、切子碗が出土している。器壁を厚く吹いた器にカットによる装飾を施すササンガラスで、北魏大

同出土のガラス器は中期ササンガラス、北周から出土したものは後期ササンガラスである。特に李賢墓から出土した浮出円形切子碗は、ササンガラスを代表する器形のひとつである。ササンガラスは、続く隋唐代の遺跡からも出土しており、特に北周から隋・初唐の時期に多数伝来していたことがわかっている。

このように、西晋と東晋時期には東地中海またはライン川流域などで作られたローマンガラス器が多数伝来しており、一方華北では北燕・北魏の時期に後期ローマンガラス器が伝来している。さらに、西晋では前期の、南朝宋では中期の、北魏から北周（～隋・唐代）では5世紀中頃以降の中・後期のササンガラス器が伝来している。このようにそれぞれの王朝・時代で伝来ガラス器の様相が異なるものの、ガラス器が副葬された被葬者は、王族や高官、高位の貴族といった非常に上層階級の人々であった点は共通している。

なぜこの時期にそのような特徴をもったガラス器が伝来したのか、そしてなぜこれほど多数のガラス器が副葬されたのであろうか。まず中国国内の大きな要因を取り上げる。

闘富とガラス器

ガラス器が副葬された被葬者は、皇室の一員や大貴族、高官など非常に上層階級の人物であったことはすでに述べた。たとえば東晋の江蘇南京象山7号墓は大貴族王氏一族の墓であり、南京富貴山は皇室の成員かもしくは皇帝の側近の墓であった。また封氏一族は皇帝の皇后を輩出するなど、北魏・北斉時代の上層貴族であった。当時の上層階級が西方からもたらされたガラス器を珍重していたことがうかがえるものである。このように、魏晋南北朝時代にこれほど多数のガラス器が上層階級の墳墓に副葬された背景は、北朝南朝限らずに、当時の貴族制度が背景にあるものである。

魏晋南北朝時代では門閥貴族制度が重要な役割を果たしており、名門一族は広大な土地と大量の財産を占有していた。彼らは奢侈の風をなし、相互に富を比較して誰の家が最も富んでいるかを競う、「闘富」が盛んに行われた。この

「闘富」は自己の宝物を陳列し、自己の地位と財産を顕示するものであり、西方からもたらされたガラス器はまさに宝物のひとつであった。単に奢侈を求めるだけでなく、それを競いあう、これこそが遥か西方からガラス器を求める強い原動力となったに違いない。

　この時期の文献中には玻璃器（琉璃器）＝ガラス器に関する記載が多数みられ、これらガラス器が宝物として大いにもてはやされたことをよく伝えている。南朝宋時代に劉義が編纂した「世説新語」ではこの時代の闘富の場面が多く記述されており、ガラス器についても度々ふれている。「世説新語」（汰侈第30）では「（晋の）武帝が王武子の家に御幸された時、武子が御馳走を供するのに、すべて瑠璃の器を用いた」と王武子の奢侈ぶりを述べており、またガラス器が帝に供するにふさわしい宝器であったことがわかる。また「世説新語」（排調第25）では、「王公が朝臣達と共に酒を飲んだ時、瑠璃碗を挙げて伯仁に言った。『この碗、腹が空なのに宝器と言うのは何故か』。伯仁は答えて言った。『この碗は美しくてまことにすきとおって清らかである。ゆえに貴いのだ』」。この記述は当時の人々がガラス器を貴いと考えていること、そしてその理由について示唆する、興味深い一文である。透明性は、西方のガラス器のもつ特徴であったが、当時この透明性がガラス器が珍重された大きな理由のひとつであったことがうかがえる。そこには漢代まであった玉製品を原型とするガラス製品と、その価値に対する認識は消え去っている。

　このガラス器の美しさを称え、そのもたらされた困難な道のりを詠った有名な詩が、西晋の詩人潘尼の「琉璃碗賦」である。これは宴席中に主人から見せられた琉璃碗に対し、潘尼がその場で作賦したもので、彼はその賦の中で琉璃碗の作が精良であること、透明度がとても高いということを述べており、当時のガラス器の姿を我々に伝えてくれる（安家瑶 2005）。最も有名なのは「流沙の絶嶮なるを済（わた）り、葱嶺の峻危たるを越ゆ。その由来疎遠なり」（安家瑶（谷一訳）1992）とガラス器の遠く旅するところを詠んだ部分であろう。ガラス器が伝来されたルートを示す一文としても重要である。これは当時の

人々が、西方のガラス器がシルクロードのいわゆる「オアシスルート」で中国へと運ばれてきたことを知っていた、もしくは人々がそう考えていたことを示している。

ガラス器が輸入されたルートに関しては、北魏の文献「洛陽伽藍記」（巻四）の北魏の王族河間王琛の豪奢な生活をあらわした文中にも記載がある。「琛は王族たちと宴会する時は、いつもさまざまな宝器を並べ立てた。…水晶の鉢、瑪瑙と琉璃の碗、赤玉の杯など数十個があった。…どれも中国の産ではなくて西域から来たものばかりだった」。北魏でも宝器としてガラス器が珍重されていたこと、そして西域から招来されたと考えられていたことがうかがえる。

西晋や東晋の時期のガラス器は、ローマンガラスが中心であり一部ササンガラスがみられるが、これらガラス器が西方のどこから来たか（どこで作られたか）について、当時の人々はどのように認識していたのだろうか。西晋の魚豢による「魏略」には、「大秦国より、赤、白、黒、黄、青、緑、縹、紺、紅、紫の十種の琉璃が産出されている」と記されており、ガラス器の産地は遥か西方の大秦（ローマ）である、ということについて、ある程度人々は知識をもっていたようだ。これもまた、西方との交易をより積極的に行う原動力のひとつになったであろう。

以上のように、門閥貴族による南朝北朝を問わない奢侈を求める当時の風潮、そしてそれを競う「闘富」、そしてガラス器の生産地の正しい認識、これらが合わさることによって、この時期に遥か西方から多数のガラス器がもたらされることとなった。その一方で、北朝と南朝では、それぞれガラス器が出土する時期と、ガラス器の特徴が異なる。それは各王朝の繁栄していた時期や地域の違いを映すものであるが、またそれを背景とした交易ルートの違いを映すものである。

(2) 南北朝と陸上・海上シルクロードの発展

東晋・南朝と海のシルクロード

　265年に洛陽を都として中国を再統一した西晋王朝は、内乱と匈奴をはじめとする異民族の侵入により南遷し、318年には江南の建康（現南京）を都として東晋が建国された。三国の呉、東晋、そして続く宋・斉・梁・陳の南朝を六朝という。この六朝はすべて建康に都を置いた。

　西晋では北京から、東地中海沿岸で製作されたと考えられるローマンガラスが出土している。しかしその後華北ではこのタイプのローマンガラスの出土例がなく、一方南遷した東晋の墳墓から、同じく東地中海沿岸などの製作と考えられるローマンガラスが出土する。ガラス器を出土した東晋の墳墓は建康に築かれたものであったが、それではどのようなルートをたどって、この建康にもたらされたのであろうか？

　魏晋南北朝から隋唐時期において、東西の主要交通線は長安（現在の西安）を基点として河西回廊を通り、中央アジアと西アジアを貫いてイランに通じ、その後イランを中継基地として西のビザンティンに向かう、いわゆるシルクロードのオアシスルートであったことが知られている。実際、西晋では潘尼の「琉璃碗賦」で述べられているように、このオアシスルートでガラス器がもたらされていると世間に認知されていた。また後述するが、ステップルートも重要な交易ルートであった。北京の華芳墓から出土したガラス碗はこれら陸路のルートで入ったものであろう。しかしオアシスルートの東端は長安であり、西晋代では問題がなかったとしても、東晋の時期、この地域は五胡の支配下にある状況であった。さらに五胡十六国という転々と変わる王朝と戦乱の中で、このオアシスルートを使用した交易が安定して長安まで届いていたかは疑わしい。西方と南朝との陸路による交通は、河西回廊を避けて鄯善から吐谷渾（青海省）を益州（四川省）へ行く「河南道」も存在していたが（徐苹芳 1991）、

その距離は長く、さらに困難な道であった。出土したガラス器をみると器壁が非常に薄く、割れやすいため運搬は困難が伴う。このような繊細な製品の運搬は陸路ではなく、やはり海路が適している。これらを鑑みて江南の人々がガラス器を入手した交通路を想定すると、すでに漢代で発達していた海のシルクロードに注目する必要がある。

江南に呉が建国されて以来、江南では農業生産・手工業・商業ともに大いに発展し、また南洋との経済・文化の交流を開始した。東晋や東晋以後の南北朝時代も江南は比較的安定し、社会経済は発展を続けた。南洋、特にインドとの直接的な往来も盛んになり、当時のインドのグプタ朝の王と江南の王朝とは使節を送りあう関係にあった。また仏教の発展により多数の僧がインドに渡っている。403年に東晋の仏僧法顕がインドに旅して仏典を得たのは有名な話であろう。このように魏晋南北朝代は漢代にもまして、南海との往来が盛んに行われていたのである。

一方、西方の事情はどうであろうか。紀元前後に栄えていた漢・ローマ・クシャン朝・パルティアは、3世紀になるといずれも混乱期を迎える。3世紀に漢が終焉を迎えたのと同様に、ローマ帝国も3世紀には政治的経済的に混乱期を迎えた。またササン朝ペルシア（224～642年）によってパルティアは226年に滅ぼされ、クシャン朝も3世紀に滅ぼされた。

ローマ帝国によるインド洋交易はすでに2世紀には斜陽となっており、さらにその勢力の衰えに乗じて、紅海経由のインド航路の主導権はエチオピアのアクスム王国へと移っていた（蔀 1999）。しかし3世紀末にディオクレティアヌス帝（在位284～305年）によって帝国の再建がなされると、上層階級で絹をはじめとする東方の産物の需要は再び増大した。しかしこの時期ササン朝ペルシアが西アジアを広く支配しており、内陸の交易ルートは安定がもたらされていたものの、その交易はササン朝ペルシアによる支配的なものであった。このため、ササン朝ペルシアを避けた直接的な交易を求めて、ローマ帝国でも海上ルートによる東方の文物の入手に対する機運が高まっていた。また一方で、ロ

ーマ世界の産品も東方から求められていた。アクスム人が交易の重要な役割を担っていたものの、ローマ人による海上貿易は4世紀を通じて活性化をみせた。考古学的にも4世紀にはインド洋交易が再び活発化していたことがわかっている。スリランカ（タプロバネー）が東西海上交易の中継センターとして4世紀頃から発達し、ローマの貨幣が出土している。一方混乱の時期においてもローマ帝国ではガラス器の生産は活発に行われており、主力の貿易品としての地位を占めていた（クライン&ロイド編 1995）。

　中国のガラス器をはじめとする西方の珍宝を求める動きと南洋交渉の活発化、一方回復したローマ帝国による絹をはじめとする東方の文物を求める動きが一致し、東西貿易の海上ルートが再び活発化するに至った。この時期のローマ帝国と中国を結ぶ海上シルクロードについての文献記述はほとんどないが、しかし建業から多数出土する西方のガラス器は、まさにこの時期の海上シルクロードの隆盛についても伝えてくれるものである。

　ところで器形に括り碗が多いという点は興味深い。当時のローマ帝国にはさまざまな器形のガラス器があるが、他の形態の碗や皿や杯などに比べると、重ねられない括り碗は荷造りしやすいとはいえない器である。しかし出土する圧倒的多数がこのタイプである。これは何を意味するのであろうか。無論、さまざまな器形のガラス器が入手されていたが、副葬品としてこの括り碗が好まれていただけ、という可能性もある。また何か商品が入っていた可能性もある。しかしこのタイプの器形が東洋で人気があることが伝えられ、輸出する際に、ローマ帝国側がこのタイプを意図的に多く船に載せた可能性も考えられる。ローマ領内の商人たちは取引相手の好みを考えて荷を選んでいたことは、ベグラムなど他の地域の出土遺物よりわかっている。この器もまたそうだとしたら、東方の事情の西方への伝達という点からみてもおもしろい。

　5世紀以降になると、ローマンガラスは南朝では出土せず、北朝からのみ出土している。これはローマ帝国が再び混乱に陥り、帝国による海上東方貿易が衰退していったことによるものと思われる。一方で、さらに強大化したササン

朝ペルシアによって、海上ルートが支配されていったようである。南朝宋の江蘇劉宋墓から中期ササンガラスの括り碗が出土しており、また広東省の南斉期の墓からササン朝のペーローズ銀貨が出土している。ササン朝との交渉が南朝においても行われたことがうかがえる。番禺（広州）が海洋貿易の重要な地であることを考えると、海洋ルートでササンのガラス器やこれら銀貨がもたらされた可能性も十分にあろう。しかし海洋ルートによる交易はあまり活発であったようにはみられない。南朝では6世紀の梁（502～557年）の武帝の時代に、一定期間の安定と平和を享受していたが、この時期の墓からは現在のところガラス器や、注目されるような西方の遺物があまり出土していない。西アジアから中央アジアに広がっていたササン朝ペルシアの貿易が、陸路が主であったことと無縁ではないだろう。

北朝とステップルート・オアシスルート （図75）

　西晋が滅亡し、華北が北魏によって再統一される439年まで、華北は諸民族諸国家が相次いで興亡する五胡十六国時代（304～439年）と呼ばれる戦乱の世であった。北方遊牧民族の鮮卑族は、後漢代に内蒙古を支配して強大化し、その後華北へと進入していたが、北魏を建て最終的に439年に華北を統一する。
　北魏を中心としたこの時期に、華北で出土したガラス器は、すべて鮮卑族と関連する墓から出土している点は見逃せない。北魏・北周は鮮卑族の建てた国であるし、またガラス器を出土した北燕馮素弗墓の被葬者は鮮卑系であった。
　北魏は398年に都を平城（大同）に建設し、その後493年に洛陽に遷都した。『洛陽伽藍記』（巻三）によれば、当時の北魏は「葱嶺（パミール）より西、大秦（東ローマ帝国）に至る百国千城は、一つとして心から付き従わないものはなく、胡人の隊商や行商人たちは、毎日のように我が国境を目指してひしめいた。中国の国ぶりを慕って住み着くものは数え切れぬほどで……」という状況であった。これはもちろん誇張であり、北魏の支配域はおおよそ新疆までであったが、北魏が当時強大な国家であり、西域人の往来も盛んで、活発な

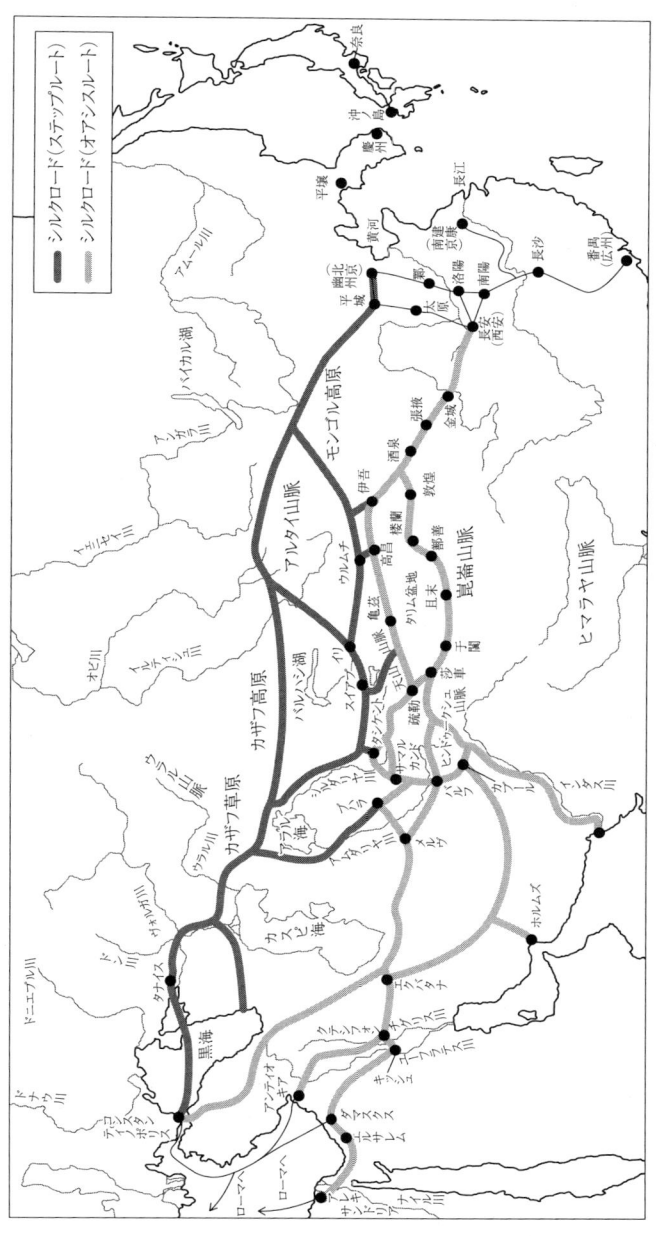

第 4 章　激動の東アジアとガラス　141

図 75　魏晋南北朝〜隋頃のステップルート・オアシスルート　地図

内陸交易が行われていた様子がうかがえる。

この時期、内陸部では二つの主要なユーラシアの東西を結ぶ交易路が栄えていた。ひとつは中央アジアのオアシス都市を結ぶオアシスルートであり、もうひとつが北方ユーラシアの草原地帯を貫くステップルートである。

ステップルートの活況と鮮卑族

ステップルートは、南ロシアの草原地帯、キルギス草原地帯、天山山麓、モンゴル高原を結ぶ大ステップ地帯を貫く交易路で、オアシスルート・海上ルートと並ぶ東西を結ぶシルクロードのひとつである。このルート上は、スキタイをはじめとする騎馬民族が活躍した地域であり、この道を通じた東西交流は長い歴史をもつ。第1章で述べたように、蜻蛉珠が伝来した道のひとつであり、騎馬の風やグリフィン像が伝播した道であった。それら東西交流の主な担い手は、この地域でその時々に活躍していたさまざまな民族である。

本来モンゴル高原に勢力を占めていた北方遊牧民族である鮮卑は、以前からこのステップルートを通じた交易に影響を与えていたと考えられる。北燕馮素弗墓（415年卒）から出土した後期の北方系ローマガラス器は、華北統一以前から鮮卑族がステップルートで西方の品物を入手していたことを伝えてくれるものである。北燕・北朝で出土したローマンガラス器は、江南出土のガラス器に比べて時期的には遅く、その器形などが異なり、類似品が南ロシアや黒海沿岸から多数出土している点は重要である。ステップルートの西方の起点である黒海周辺や南ロシアは、これらローマガラスの一大消費地であった。この地にもたらされたガラス器が、さらにユーラシアの大草原を遥か東方まで旅することとなったのだろう。残念ながら最も注目されるルートであったオアシスルートに比べると、ステップルートは文献による記録が少ない。しかし出土したガラス器が、遥か西方のローマ帝国とこの地がステップルートにより確かに結ばれていたことを、今に伝えてくれている。このステップルートはさらに東、朝鮮半島へとローマの製品を運んでいく。それについてはまた後述する。

398年に北魏が都平城（現山西大同）を建設すると、このステップルートの中国への入り口として平城は活況を呈する。一方で北魏と平城の活況が、ステップルートの活性化を促した面もあろう。山西大同北魏墓からはササンガラス器とササン朝の銀碗が供伴して出土した。さらにその他大同の北魏の墓や遺跡からササン朝の銀盤・銀杯・銀皿などが出土しており、ステップルートと平城の往時の活況をうかがわせる。北朝のローマンガラス器が中国へともたらされた背景は、まさにこのステップルートと平城の活況が背景にあったのであろう。

　この平城でササン朝の遺物が出土しているように、当時ササン朝ペルシアは東西交易に非常に大きな役割を演じていた。その主要な舞台はオアシスルートである。

北朝とササン朝ペルシア

　北魏が華北を統一し、493年に洛陽へと遷都してからは、オアシスルートの交易も北魏が掌握することとなった。繁栄と栄華を誇った北魏の上層階級の人々は、前述したように西方の珍宝を積極的に求めていった。ステップ・オアシスの東西交易ルートが活況を呈し、さまざまな西方の文物が中国へと到来していたことは、「……胡人の隊商や行商人たちは、毎日のようにわが国の国境を目指してひしめいた」と「洛陽伽藍記」が述べていることからもうかがえる。北朝の墓から出土するガラス器は、まさしくこの繁栄を伝えるものである。北魏の繁栄がこの活況を呼び寄せたことは無論であるが、このような東西交易の活況の背景にはササン朝ペルシアの存在がまた非常に大きい。

　ササン朝ペルシアは226年にパルティア王国を滅ぼし、西アジア全土を支配する大帝国を築いた。ササン朝によって支配地域の安定が図られると、東西貿易は再び活況を呈するようになり、ササン朝はパルティアと同様に中継貿易の利を得るようになった。さらに中継貿易だけでなく、自国で生産した金銀製品や染織品、そしてガラスといった工芸品を東西に輸出し、それにより経済的利益をあげていた。それら工芸品は規格性が高くかつ高品質であり、そのため中

央が管理する生産体制をとっていたのではないかと考えられている（由水1992a）。すでに述べたようにササンガラスの規格性の高さや品質の高さは、このようなササン朝の戦略があらわれている。

一方で、西方のローマ帝国では東方の絹が求められていた。4世紀には海上シルクロードが一時活況を取り戻し、ローマ社会と東方社会を直接的に結ぶ交易が復活したが、ローマ帝国が再び混乱に陥るとこの道はまた斜陽を迎えたことは上述した。しかしローマ帝国が東西に分裂したのちも、東方の文物に対する需要は常に存在していた。たとえば5世紀のはじめには東ローマ帝国とササン朝の間で、法定交易地においてローマの国庫代理人が出向いてペルシアの商人から絹を買い入れる、という協定が結ばれている（護 1970）。これは当時東方との交易においてササン朝による中継交易が支配的であったこと、そして東ローマ帝国では依然として東方の絹が人気であったことを示している。

北朝とササン朝との交流はガラスだけでなく、銀器や銀貨などさまざまな遺物にもみられる。特にササン朝の諸王が発行した銀貨は多数中国に流入している。5世紀半ばから6世紀後半にかけては非常に多数出土しているが、湖北・広東から少数出土している以外は、陝西・甘粛・寧夏・新疆・河北・河南と華北からの出土が大半を占めている（津村 2001）。特に西域から多数のササン銀貨が出土していることは、オアシスルートにおけるササン朝と北朝の交流がこの時期に活況を呈していたことを伝えている。

そのオアシスルートの要道である新疆では、魏晋南北朝から唐代に至る時期の遺跡において、非常に多数のガラス器の断片とごく数点の完形品が出土している。それらはローマンガラスやササンガラスである。楼蘭遺跡で出土したローマンガラスの断片の中には、淡緑色透明で長楕円切子をもつものがあり、南京象山7号墓出土の切子杯と似た断片であった。3・4世紀のローマンガラスと考えられる。象山7号墓の切子杯は海上ルートでもたらされた可能性が高いが、楼蘭の遺物はこの時期にもローマンガラスがオアシスルートを通って、少なくとも新疆へともたらされていたことを示している。また新疆且末県扎滾魯

克1号墓地や尉犂営盤墓地からは、魏晋南北朝期と考えられる墓から切子杯が出土している。いずれも典型的な後期ササンガラスの切子杯で、墓の時代が6世紀頃であることを示すよい証拠でもある。

　新疆出土のガラス器は、ローマンガラスやササンガラスが、オアシスルートを通って多数西方から東方へと運ばれたことを示しており、まさに潘尼の「琉璃碗賦」の記述を裏付けるものである。またそれと同時に、この地域のオアシス都市が西方のガラスを好んだ消費地であったこと、これもまた示しているのである。

　北魏滅亡後、二系統に分裂した王朝の墓からは、多数の西方系の文物が出土している。北周の寧夏固原李賢墓（569年卒）からは6世紀の後期ササンガラス器やササン製の銀製水注が出土しており、また同じく北周の寧夏固原田弘墓（575年卒）からは東ローマ金貨が出土している。西魏―北周は長安に都しており、おそらくオアシスルートを経由してこれらがもたらされたものと考えられる。一方、東魏―北斉は河北の鄴城に都しており、こちらはステップルートが盛んに利用されていた。分裂した二王朝間に争いは絶えなかったが、いずれの王朝も西方と密接な交流を維持したことがうかがえるのである。

（3）国産吹きガラス器の出現

　西方からもたらされたガラス器は、上層階級の貴人たちの暮らしを華やかに彩っていたが、一方でこの西方のガラス器の流入を契機に、この時期、新しい国産ガラス器が中国で出現することとなる。

　河北定県華塔塔基出土ガラス器（図76）　北魏時代の塔基壇址に埋蔵された、北魏太和5年（481年）銘の石函より、7点のガラス器が出土した（河北省文化局文物工作隊 1966）。鉢1点・瓶2点・葫蘆瓶3・残器底部1点で、これらはすべて緑色透明を呈している。いずれも型を使わない宙吹きガラスによる製作で、装飾はない。ガラスの質は良くなく、気泡が非常に多くみられる。鉢の

口縁は焼いて仕上げており、また瓶の口縁は内側に巻き、底部は細いガラスを巻きつけて高台としている。いずれも、ローマンガラス・ササンガラスの伝統的技術であるが、技術はオリジナルのそれに比べると未熟なものである。その成分を分析すると、バリウムの入っていない高鉛ガラスであった。これらガラス器は、ローマやササンのガラスの技術を取り入れた、初の中国製吹きガラスであり、またこの後中国で主にみられる高鉛ガラスによるガラス器の、初現であると考えられている。

図76 定県華塔塔基　ガラス鉢・瓶

　この時期になると、中国国内におけるガラス器製作に関する記述が登場する。第2章でも述べたが、東晋の葛洪による「抱朴子（内篇論仙）」では「外国で作られる水精碗は、実は5種の灰を混合して作ったもの。今交広ではその方法をおぼえて鋳作している者が多い」とある。この水精碗はガラス器を指し、広交（現在の広西・広東・越南一帯）でガラス器が製作されていたことを述べている、と考えられている。漢代に両広地区でみられたカリガラス器が、引き続き製作されていた可能性もあるだろう。東晋代の国産鋳造ガラス器は出土しておらず、明確なところは不明である。

　北朝にはより明確にガラス器製造における記述がみられる。「北魏書」巻102西域伝大月氏国の条には「世祖太武帝（在423-452年）の時に大月氏国の人が京師（北魏の首都平成）に来て『自分は石を鋳して五色の瑠璃をつくれ

る』と言った。そこで山中から礦石を採掘させ、京師で鋳させたところ、その光沢は西方伝来のものより美しかった。(中略) これより中国では瑠璃の価値が下がり、人々はまたこれを珍重しなくなった」(筆者訳)とある。西域人が製作するこのガラス器は、吹きガラスであったと考えて間違いない。

　このように、北魏の時代には平城ではガラス器の生産が、月氏国、すなわち西域の人の手によりまず開始されたと考えられる。定県華塔塔基から出土したガラス器は、彼らのような外国人が製作した可能性もあるだろう。ガラス器だけでなく、吹きガラスという西方のガラス器製造技術が伝来したことは、非常に重要である。中国におけるガラス製作は、この後吹きガラスを中心に展開していく。一方でその原材料の溶融剤が鉛である点は、中国のガラス製作技術の伝統を引いていると考えられ興味深い。これ以後、中国では高鉛ガラスによるガラス器が作られ、隋代以降は出土遺物も徐々に増えている。

　「瑠璃が珍しくなくなる」との記述もあるが、北朝の高官の墓からは西方のガラス器が出土しており、またその後隋唐の遺跡からも、西方のガラス器が貴重なものという扱いで出土している。依然西方のガラス器が珍重されており、変わらずに好まれ、求められ続けていることがうかがえる。また後述するが、隋唐代では国産ガラス器は皇族などの墳墓から出土しており、国産ガラス器も貴重品であったことがうかがえる。さらに「珍しくなくなる」という記述に反して、この北魏や隋唐期の墳墓のみならず生活址等の遺構から、国産ガラス器の出土品は非常に少なく、日常的に普及していた様子はうかがえない。

　これらを鑑みると、この記述は、それ以前の非常に珍重されていた、製作技術もわからない謎の珍宝という位置から、高級な貴重品という位置へとその立場が移動したことを意味しているのではないだろうか。少なくとも出土状況からは、ガラス器自体が貴重品であったことは変わらないようにうかがえる。また国産のガラス器の初現が、河北定県華塔塔基と仏教遺跡であった点は重要である。ガラス製品はこの後仏教と密接に結びつき、特に仏舎利容器として活躍する。その点については次章に譲りたい。

ユーラシア大陸の東西における双方の産物への需要と、貿易ルートを支配する安定勢力の出現という、東西交易における重要な要因が出揃い、東西交易はそれ以前にない活況がもたらされた。このようなユーラシア大陸の社会状況を背景に、ローマンガラスとササンガラスは中国へともたらされた。美しいガラス器は、さらに西方の文物への欲求を高めたであろう。この時期の東西交易の活況は、続く隋唐の最も華やかな東西交易の礎を築くものでもあった。

西方のガラス器は、さらに東へ、朝鮮半島と日本列島へと運ばれることになった。次にこれらの地域へともたらされたガラス器とその背景について取り上げる。

2. 朝鮮三国時代とガラス器

中国大陸全体が動乱の時代であったこの魏晋南北朝と同じ頃、朝鮮半島では新羅・百済・高句麗の鼎立する三国時代（4世紀頃～668年）を迎えていた。この三国時代の古墳から多数のガラス器が副葬品として出土している。興味深いことに、慶尚南道陝川郡玉田M1号墳出土の1点を除いて、すべて新羅の都である慶尚北道慶州の古墳から出土しており、高句麗・百済の墓からはいまだ出土していない。出土した古墳は、5世紀後半頃から6世紀前半までに築かれた積石木槨墓で、10基の古墳から25点のガラス器が出土した（表8）。

主な出土例は次のようなものである。

皇南大塚南墳　鳳首形台付瓶（図77）　やや緑みを帯びた透明のガラスを宙吹きで水差し型に作り、把手を青色ガラスでつけている。紐状青色ガラスを口縁直下に一条、首部には十数条巻きつけ、口はあたかも鳥の嘴のような形をしている。東アジアにおける出土例は他にないが、その特徴は後期ローマンガラスの水瓶に共通するものであり、地中海周辺地域の製作とされる4～5世紀の類例が多数出土している。この墓の被葬者は訥祇王（在位417～458年）の可能

表8 三国時代のガラス器

	推定年代	出土遺物
月城路カ13号墳	5C～6C	貼付蛇行文杯 杯
皇南大塚南墳	5C後半	鳳首形台付瓶 貼付網目文杯 環状口縁淡緑色杯 淡緑色杯 紺色碗 紺色碗破片 器破片
皇南大塚北墳	5C後半 ～6C初頭	褐色縞目文台付杯 円文切子杯 紺色丸底杯 紺色杯片 器破片
金冠塚	5C第4四半紀	環状凸帯貼付紺色鋸歯文台付杯 環状凸帯台付杯
天馬塚	6C第1四半紀	型吹亀甲文杯 淡緑色台付杯（破片）
瑞鳳塚	6C第1四半紀	貼付網目文杯 環状凸帯紺色碗2点
金鈴塚	6C第1四半紀	貼付斑点文杯2点
雁鴨池	5C～6C	緑色杯
安渓里4号墳	5C	紺色杯
玉田M1号墳	5C第3四半期	貼付斑点文杯

性が高い（文化財管理局 1994）。

　皇南大塚北墳　褐色縞目文台付杯　透明なガラスで器を吹いた後、褐色ガラスを巻きつけてならし、縞目文を施したもの。その後高台を付け、口縁を外反させており、非常に整った器形をもつ。このような縞目文の施し方は後期ローマンガラスにみられ、ライン川流域で類型品が出土している。北墳は南墳の婦人墓であり、訥祇王王妃墓と考えられている（文化財管理局 1985）。

　皇南大塚北墳　円文切子杯（図78）　やや黄緑色がかった透明なガラスを厚く

吹いている。口縁は研磨されており、口縁下部はやや括れている。胴部に2本の横帯文をカットし上下に連続した円文をカットしている。器形とカット文から中期のササンガラスと考えられているが、由水（由水他 1992b）は類例があることから後期ローマンガラスとしている。

　天馬塚　型吹亀甲文杯（図79）　口縁下に条線文とその下に亀甲文をもつ紺色透明の杯だが、これはカット装飾ではなく、型吹きによって、口縁周りの縦縞と胴部の亀甲文型の文様を作り出している。カット技法の文様構成を型吹きによって作ることで、手軽に量産しているものである。東アジアでは類型品はみられないが、地中海域から黒海周辺、南ロシア、ドナウ川、ライン川流域にかけては多数の出土例があり、遺跡の年代は4～5世紀初めと考えられている。この墓の被葬者は炤知王（在位479～500年）または智証王（在位500～514年）と考えられている。

　瑞鳳塚　貼付網目文杯（図80）　宙吹きで杯を作り、胴部は同じガラスでガラス紐をジグザグに貼り付け、網目文を作っている。また口縁は環状に作っている。このような環状口縁と網目文は、中国北魏祖氏墓のガラス杯で説明したように後期ローマンガラスの典型的な装飾パターンで、類型品は地中海周辺域や黒海北岸で多数出土しており、その年代は4～5世紀であるが、特に黒海北岸の5世紀の遺跡に多い。月城路カ13号墳・皇南大塚南墳・金冠塚からは同種の杯が出土している。

　金鈴塚　貼付斑点文杯（図81）　吹きガラスの淡緑色透明の碗で、胴部には2段に紺色の斑点文を貼り付けている。ほぼ同じガラス器が、金鈴塚からもう1点、玉田M1号墳から1点出土している。このような貼付斑点文をもつ容器は、ローマンガラスによくみられるもので、東地中海沿岸や黒海沿岸、ドナウ川流域などで多数の類型品が出土している。特に南ロシアからコーカサスの3～5世紀の遺跡から約50点に及ぶ出土が知られている。

　このように新羅の古墳から出土した文様をもつガラス器は、東地中海や黒海沿岸、ヨーロッパ、南ロシア、中央アジアなどで類型品が出土している。皇南

第4章　激動の東アジアとガラス　151

図79　天馬塚　型吹亀甲文杯

図80　瑞鳳塚　網目文杯

図77　皇南大塚南墳　鳳首形台付瓶

図78　皇南大塚北墳　円文切子杯

図81　金鈴塚　貼付斑点文杯

大塚北墳出土の円形切子杯以外は後期ローマンガラスであると考えられており、東地中海沿岸、またはライン川流域などローマンガラスの製作地で作られたガラス器が、この地まで運ばれたことを示している。なお皇南大塚北墳出土の円文切子杯はローマンガラスとの指摘もあるが、ササンガラスであるとしたら、新羅のガラス器の中で唯一のササンガラスである。

一方で素文のガラス器は、器形も単純であるだけでなく、器壁は滑らかでなく気泡が多く含まれるなど、その質も低い。このためこれら素文のガラス器は、ローマンガラスの本拠地以外での製作、もしくは新羅における製作といった可能性が検討されているが、現在まで解明されておらず、今後のさらなる研究が待たれている。

この時期の墳墓は多数の豪華な副葬品を収めていることでも知られている。特にガラス器を収めた墳墓の副葬品には金冠が含まれており、その墳墓は王や王族のものであったと考えられている。ガラス器は王族などの限られた人々だけが副葬できたことを示している。

新羅の勃興とガラス器の伝来

これらのガラス器はどのようなルートでもって、遥か西方から運ばれたのであろうか。

新羅の5～6世紀半ばの古墳からは、ガラス器以外にも西方系の遺物が多数出土している。皇南大塚北墳からはビザンツ系と考えられている宝石を象嵌した金製ブレスレットや、銀製亀甲動物文杯が出土し、慶州鶏林路14号墳からは宝石を象嵌した金製の短剣が出土している。これら西方の遺物は、ガラス器も含めて偶然入手したものとは考えられない量であり、この時期に継続して入手していたと推測されている。中でも鶏林路14号墳から出土した宝石象嵌短剣は、類例がカザフスタンのボロウオエ遺跡から出土しており、その年代は5～6世紀頃と推定されている（穴沢・馬目 1980）。これら金製銀製の遺物は類型品が少なく、そのような点からもユーラシア各地で類型品が多数出土して

いるガラス器が、新羅と西方を結ぶルートを解く鍵となる。

　新羅古墳から出土しているローマンガラス器は、多数の類型品がユーラシア各地から出土している。特に黒海沿岸、南ロシア、コーカサスといった地域に出土が多い。これらはいわゆるステップルートと呼ばれる東西交渉のルート上にある。5・6世紀には、後期ローマンガラス器が北燕と北魏の墓から出土しており、ステップルートで伝来したと考えられることについてはすでに述べた。その北魏祖氏墓と同様の網目文をもつ器も新羅からは多数出土している。これら新羅のローマンガラス器も、ステップルートを経由して運ばれたと考えられるだろう。鶏林路14号墳出土宝石象嵌短剣もステップルートでの伝来を示唆しており、当時ガラス器だけでなく多数の西方の文物が、ステップルートで伝来したと考えられている。

　北魏が398年に平城に遷都して以降、ユーラシアの東西をつなぐルートのひとつとして、平城を東アジアの窓口としたステップルートがさらなる活況を呈していたことはすでに述べた。新羅でガラス器をはじめとする西方の文物が副葬された時代は5～6世紀半ばであり、まさしく北魏と北朝により、東西貿易が活況を呈していた時期である。新羅の西方の文物は、このステップルートの繁栄を背景として、東アジアへと運ばれたものであろう。

　そこでいくつか疑問が生じる。窓口である平城までたどり着いたガラス器は、さらにどのようなルートで新羅へともたらされたのであろうか。そしてなぜこれほど多量に古墳から出土したのであろうか。当時の国内外の状況を検討する。

新羅古墳の発展とガラス器の副葬

　新羅は4世紀後半に成立した国家である。文献では、377年と382年に中国の五胡十六国のひとつである前秦に使者を送り、国際舞台に登場した記事をもって新羅の建国としており、また考古学的にはそれまでの墓制と異なる積石木槨墳の出現をもって新羅の成立とみる（早乙女 2000）。しかし5世紀までの新

羅は北の高句麗の強い影響下にあったことは、文献や「中原高句麗碑」などの碑文からわかっており、出土した遺物からもその影響がうかがえる。一方で、国内的にはこの5世紀から6世紀中頃にかけては、慶州に多数の古墳が築かれており、新羅では王・貴族など支配社会層への権力集中が進む時期であったと考えられている。

巨大な古墳が築かれる時期は、支配者がその支配体制を確立するひとつの手段として、自らの強さを視覚によって誇示する必要がある時期である。巨大な墳墓はそのような時代の産物として世界各地でみられる。慶州に古墳が築かれた当時の三国新羅は、まさにそのような誇示が必要な時代を迎えていた。大規模な墳墓とともに、その葬送儀礼においては、さまざまな金製・金銅製の冠や装飾品、西方の美しく珍奇な品々といった豪華な副葬品が、視覚的に人々にその権威を示す役割を担ったのである。

その中でも特に西方からもたらされたガラス器は、王族のみが所有または副葬することができ、特に珍宝として重要視されていたことがうかがえる。またその副葬は、単に美しさをそこに添えるだけの役目ではなかっただろう。西方のガラス器は、何よりも進んだ技術をもつ外国とのつながりや交渉力を示すものであった。ガラス器の副葬が王族墓のみに限られているという状況は、王族が対外交渉を独占していた可能性をも示している。

またこれらガラス器が現代まで伝わった重要な要素としては、積石木槨墓はその構造上特に盗掘が困難という点がある。このため多数の王陵が盗掘を免れ、その他の副葬品とともに、葬送当時の状態で保存されていた。

新羅の出土ガラス器の豪華さや数の多さについては、中国の出土品と比較し、その遜色のなさが語られることが多い。しかしこれまで述べてきたような副葬背景を留意しなければいけない。権力の誇示のためには、当時所有していたガラス器の最も優品を中心とした多数を、副葬品に入れた可能性がある。そして大半が盗掘を免れたのである。一方で、中国では厚葬の風はすでに廃れていた。ガラス器が多数存在していたことは文献からうかがえるが、副葬された

のはその被葬者が所有していたガラス器の、ごく一部であったと考えられる。また盗掘は非常に盛んであった。このような点を鑑みると、単にその地の出土品の多寡やその内容だけで、当時伝来していたガラス器の多寡や、その内容を単純に判断することはできない。

ガラス器の伝来ルートと国際的背景

　新羅にガラス器が伝来したルートの解明には、当時の国際関係をよく把握する必要がある。

　漢・魏・西晋と約400年間にわたり、朝鮮半島の西北部は楽浪郡を置いた中国によって支配されていた。西晋が衰退して中国王朝の東への圧力がなくなると、高句麗が勢力を伸ばし、313年に楽浪郡を占領した。そのような状況に応じて、朝鮮半島の南部では百済・新羅の国家形成が行なわれ、北部の高句麗と三国鼎立の状態が成立するのである。この時代は三国とさらに伽耶が鼎立し、覇権を争っていた時代であり、また部族連合社会を脱し、国家としての体裁を確立していく時代であった。

　三国の支配者は、中国の王朝の権威を借りてその支配体制を確立しようとする。すなわち使者を中国の王朝へと派遣し、柵封を受けることとなった。高句麗は336年に東晋に朝貢しており、また355年には五胡十六国のひとつである前燕の柵封を受けている。以後、北朝と南朝の双方に遣使を続け、双方から柵封を受けている。特に領土が接している北朝との関係は強く、6世紀半ばになるまで、北朝との関係はほぼ高句麗の独占状態であったことは重要である。百済は372年に東晋の柵封を受けた後、南朝に遣使を続け、柵封を受けている。しかし北朝には472年に一度遣使をした後、570年まで遣使を行わず、より南朝との親密性が高かった。新羅は377年と382年に高句麗とともに前秦に朝貢したが、その後長らく中国に遣使を行っていない。しかし高句麗や百済との対立を深めた6世紀後半の564年には、北斉に遣使を行い柵封を受けている。なお魏書にある502年と508年の「斯羅」の北魏朝貢はかつては新羅とみなされ

ていたが、現在「斯羅」は西域諸国の中の一国であることが明らかにされている（李成市 2002）。また南朝には521年に梁に朝貢した後、6世紀中頃以降に陳に遣使朝貢を数度行っている。

　5世紀頃の新羅が中国とは積極的に交渉をもたなかったことは重要である。上述したように、史書をみても百済や高句麗がこの時期に積極的に中国に使者を送っているのに対し、新羅は4世紀後半以降、6世紀になるまで中国への遣使を行わなかった。これは出土品に中国系文物が少ない点にも反映されている。一方で、ガラス器や西方の文物はすでに5世紀後半から6世紀中頃までの古墳から出土している。新羅の北朝への遣使朝貢は564年に再開するのだが、このような点を鑑みても、北朝との公の関係の中でこれら西方の文物が入手されたとは考えにくい。正式な通交ルートとは別に、平城から慶州へと伝来するルートが開かれていたのだろう。

　新羅が直接西方と交渉を行ない、これらローマ系の品々を入手していたという論もあるが（由水 1992c）、新羅の北方、朝鮮半島西北部は当時高句麗の支配地域であったことを考えると、これには疑問が生じる。ステップルートにより東アジアへと運ばれたガラス器が平城に到着したのち陸路で新羅へと移動する以上、必ず高句麗の支配域を経由しなければならない。これは平城を迂回しても同じことである。一方、朝鮮半島南西部は百済の支配地域であり、南西部の港から直接中国の支配地域へと船を送ることも難しい。これら西方の文物が流入した5世紀は、新羅は高句麗の強い影響下にあったことは上述した。高句麗は当時新羅にとって先進国であり、位置的にもその頭上を跳び越して直接西方と交渉をするということは考えがたい。当時高句麗は北朝と親密な関係にあり、おそらく平城と高句麗の都平壌（427年遷都）とは盛んな往来があったものと思われる。中国と没交渉であった新羅が西方の文物の入手するにあたっては、高句麗が何らかの仲介の労を負っていたと考えるほうが無理がない。

　その後新羅は5世紀中頃から高句麗の勢力からの離脱を図っていたが、5世紀末頃から高句麗との軍事的対立が深まり、6世紀になると対立はより鮮明と

なった。新羅出土ガラス器のユーラシアにおける類例の出土時期は、4〜5世紀が中心である。新羅では6世紀第1四半期以降の古墳ではガラス器が出土しておらず、また6世紀にユーラシア大陸で広く流通し、中国や日本でも出土している後期ササンガラスの典型的な切子ガラス器が、新羅では1点も出土していない。これは新羅がガラス器を入手していたのが、5世紀までであったことを示している。おそらく高句麗との対立により、これまでの高句麗を経由するルートが利用できなくなったためであろう。これもまた新羅のガラス器が搬入されたルートを示唆していると思われる。

高句麗と、そして6世紀中頃以降は百済と対立するに至り、新羅は中国王朝との関係を深めていく。新羅が4世紀後半以降、6世紀になるまで中国への遣使を行わなかったことについては諸説ある。いずれにせよ6世紀中頃以降になると積極的に中国の冊封を受けることとなる。この時期以後の新羅の文物には、中国の影響が強くなっていくのである。

ところで中国へ遣使しその冊封を受けることには、当時二重の意味があった。国際的にはその支配域を中国の権威によって裏付けるためであり、国内的には成長してきた王権がそれを強化するために、王の権威を確立させ、周囲の貴族や豪族との上下関係を明確化するためであった。冊封によってその権威が確立されると、大規模な古墳や豪華な副葬品といった視覚的なものにより、その権威を裏付ける必要はなくなっていく。これは当時の日本など東アジア各国で同様の状況であった。6世紀半ば以降、新羅では大規模な古墳や多数の副葬品といった葬送が消え、またガラス器の副葬もみられなくなる。その背景には、このような新羅国内の状況変化もあったのだろう。

コラム　新羅王陵出土の蜻蛉珠

慶州味鄒王陵地区C地区4号墳（5〜6世紀）から、王とみられる被葬者がつけていた首飾りを構成する珠類の1点として出土したものである（図82）。直径1.8 cmのガラス珠は、紺色ガラス地に、赤・紺・黄・白色のガラスを使って6羽の白

い鳥、5つの人面、枝分かれになった花の枝などが文様として象嵌されている。製作方法は、それぞれの文様のパーツを製作し、芯巻ガラス珠に埋め込むモザイク貼付技法と、一枚のガラス板として文様を製作し、それを折り込み丸くする折込技法が想定されている。人面を埋め込んだモザイク貼付ガラス珠は、紀元前2～後2世紀頃の東地中海沿岸で多くみられるもので、一方折り込んでモザイク珠を製作する技法は、紀元5～6世紀のビザンティンに例があるとされ、ハンガリーから出土例がある。味鄒王陵の珠はおそらく後者であろう。この珠はその人物表現や白い鳥の図像から、黒海沿岸における製作が想定されている（由水 2003）。アジアでは折込モザイク珠は、古墳時代の日本香川県安造田東3号墳（6世紀）や、ジャワ島（6世紀）で味鄒王陵とよく似た珠が出土している。

図82 味鄒王陵地区C地区4号墳　蜻蛉珠（表と裏）

ガラス器と同様、ローマ文化圏で製作された珠が新羅に伝来したものと考えられる。ジャワ島の出土遺物から南海ルートでの伝来も考えられているが、ガラス器などとともにステップルートを経て伝来した可能性がやはり高いのではないだろうか。

3. 倭国と伝来ガラス製品

　中国が魏晋南北朝の動乱期を迎え、朝鮮半島が三国鼎立の初期国家時代を迎えたこの時代、倭と呼ばれた日本も大陸の動乱の影響を受けつつ、古墳時代という初期国家の時代へと突入していた。この時期には前代に引き続き勾珠・管珠・小珠といったガラス製珠類が、主に副葬品として出土しているが、この時代に特に注目されるのは、西方産と考えられるガラス製品である。それらは器

や蜻蛉珠であり、多く出土してはいない。しかし当時の倭国と大陸の関係を物語る貴重な品である。

（1） ガラス器と蜻蛉珠の様相

ガラス器

　古墳時代と考えられる遺跡から出土したガラス器とその破片の出土例は、4件である。

　奈良県新沢千塚126号墳　円文切子碗とガラス皿（図83）　新沢千塚126号墳は5世紀後半頃と考えられている長方形墳で、薄手の円文切子ガラス碗と、紺色の素文ガラス皿とが、皿の上に碗を載せた状態で出土した（橿原考古学研究所編 1977）。切子碗はわずかに緑がかった透明ガラスを吹いて作られており、球形の胴部とすぼまった頸部をもち、括り碗と呼ばれる形態である。厚さは1～2mmと非常に薄く、胴部には円文がカットされている。この胴部の文様は円文を各段19個ずつ5段に重なるように配しているが、粗く削られた円文列の間に磨かれた円文列があるという、未完成的な状態で、底部にも同様に未完成な円文が2列に配している。口縁も切り離したままの未仕上げ状態であることから、このガラス器は未完成品ではないかとも考えられている。この薄手の切子碗の類例はイランやイラクなどササン朝ペルシア領内の遺跡から多数出土しており、東アジアでは西晋前期の湖北鄂城五里墩121号墓（3世紀後半）から出土している（図84）。すでに述べたように谷一はこのタイプを3世紀の前期ササンガラスとしており（谷一 1999）、由水はエジプト北岸の製作地で作られた3～4世紀頃のローマンガラスとしている（由水 1992c）。製作地については今後さらなる研究が必要と思われるが、しかしいずれもその類型品の製作年代は3～4世紀頃と考えられており、この新沢千塚に副葬された5世紀後半とは隔たっている。

　ガラス皿は高台の付いた浅皿で、紺色の透明ガラスを吹いて作られている。

図83　新沢千塚126号墳　円文切子碗とガラス皿

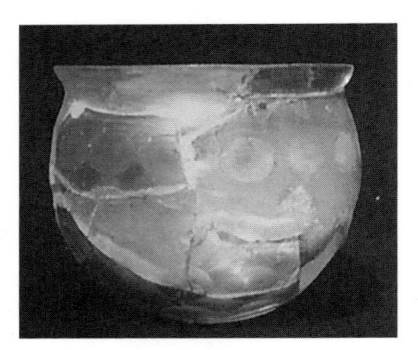

図84　湖北鄂城五里敦121号墓　円文切子碗

図85　伝安閑天皇陵古墳出土　円文切子碗

図86　正倉院　白琉璃碗

口縁は焼いて仕上げており、高台はひねり出して作られた環状高台である。内面に描かれた金彩の文様がかすかに残っており、樹木・人物・動物などがみてとれる。環状高台の技法はローマンガラスに特有の技法で、エジプトのカラニスでは、3〜5世紀頃とされる器にこの技法が使われている。由水はエジプトで製作したローマンガラスで、文様は後に付け加えられたものとしており（由水 1992c）、谷一はローマ系の技法を取り入れたササン系の作品と考えている（谷一 1999）。ガラス碗、ガラス皿ともに製作地に関しては、さらなる検討が必要であろう。

このように126号墳のガラス器は西方から伝来したものであるが、製作された年代と副葬された年代との間に隔たりがある。一方で西晋前期の鄂城五里墩出土ガラス碗に関しては、製作されてからさほど時間をおかず、中国へと伝来したものと考えられる。126号墳のガラス器も、製作後まもない時期に中国へと伝来したガラス碗が、その後数世代に渡って伝世された可能性がある。

大阪府伝安閑天皇陵古墳　円文切子碗（図85）　18世紀前半の洪水時に伝安閑天皇陵（6世紀前半）より出土したと伝えられており、色調は淡褐色透明、半球形の厚手の円文切子碗である。胴部には4段に各22個ずつの円文カットを施しており、上下左右が接触しているために亀甲文状を呈している。底部には7つの円文、底に大きな円文をひとつ施しており、典型的な後期ササンガラスの切子碗である。このガラス碗は材質・寸法・各段の切子数、そして切子面の大きさまで正倉院のかの有名な円文切子をもつ白瑠璃碗（図86）とほぼ一致している。同一工房で同時期に作られた可能性もある。色調は伝安閑天皇陵切子碗がより濃い褐色である点が異なるが、色調は風化の違いによるものであろう。二つの切子碗は一緒に伝来したものであろうか。天皇所蔵の品であり、非常に貴重な宝物であったことがわかる。正倉院の切子碗は天平勝宝4年（752年）の大仏開眼供養会の時点で、正倉院に納められたのではないとする指摘（由水 2009）もあるが、いずれにせよ正倉院切子碗が後期ササンガラスであることは間違いない。8世紀に正倉院に納められたとしたら、何代かにわたり伝

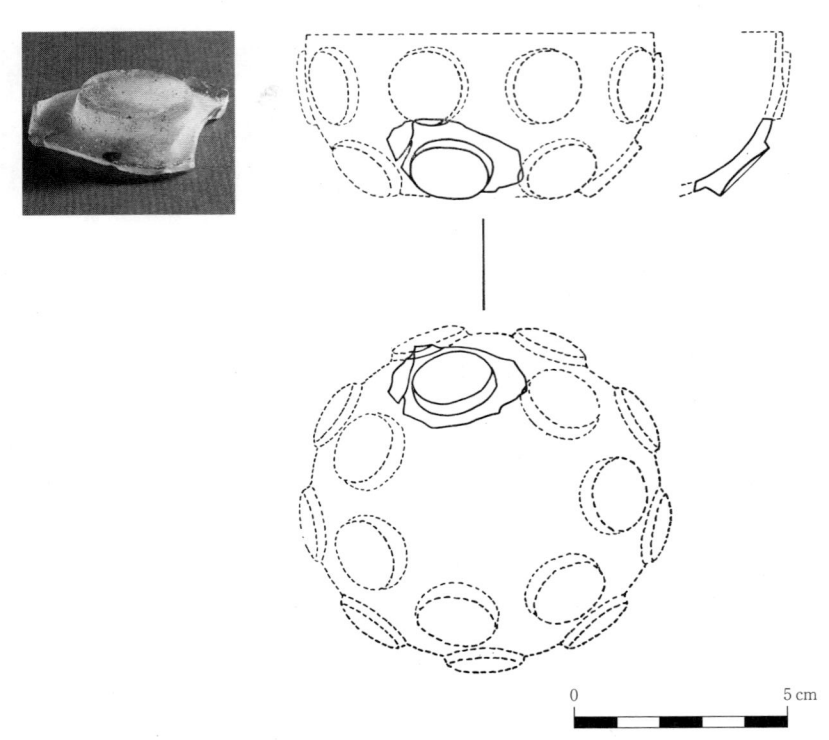

図87 沖ノ島8号祭祀遺跡　浮出円文切子（左：破片　右：実測図及び復元図）
（宗像大社所蔵）

世したものである。

福岡県沖ノ島8号祭祀遺跡　切子破片（図87）　浮出円文切子の破片が2点出土している。白色透明なガラスの破片で、同一の器を構成していたと考えられている。浮出円文切子は後期ササンガラスに典型的な切子文様である。出土した沖ノ島8号祭祀遺跡は、D号巨岩の岩陰にある6世紀後半頃の祭祀遺跡で、同時期の7号遺跡が岩の南側、8号遺跡が岩の北側に位置している。7・8号遺跡からはガラス器破片を含めて、多数の舶載品が出土している（宗像大社文化財管理事務局編　2003）。その中には金銅製の馬具や金製指輪などは朝鮮半島南

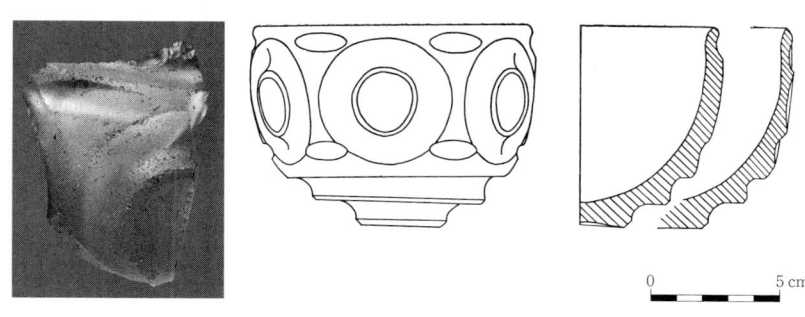

図88 上賀茂神社 二重円文切子（左：碗片 右：復元図）

部、特に新羅の古墳副葬品と対比できるものである。沖ノ島の祭祀自体は大和政権による国家祭祀であったため、大和政権によってこれらの品々は準備され、奉献されたと考えられる。

　この他、古墳時代と考えられるガラス器としては、京都府上賀茂神社本殿北方御前台で採集された二重円文切子の破片（図88）があり、これも典型的な後期ササンガラスの破片である。

　すでに述べたように、円文や浮出円文、二重円文の切子を施した厚手のササンガラスは、ササンガラス器の編年の中で後期（6世紀）にあたる。ササン朝ペルシアの工房で規格的にかつ大量に作られたこれらガラス器は、非常に人気のある商品として流通したのだろう。広くユーラシア全土から出土している。

　東アジアでは、後期ササンガラスは中国の北朝から出土しており、北周李賢墓（569年卒）では沖ノ島と同じ浮出切子をもつ碗が副葬されている（図73）。また隋代の陝西咸陽王士良墓（583年卒）から、正倉院切子碗と同じタイプの円文切子をもつ浅碗が出土している（図95）。これら日本で出土したササン朝のガラス器は、まずは中国へともたらされたと考えられる。

蜻蛉珠と金層ガラス珠

① 蜻蛉珠

蜻蛉珠は弥生時代にも長崎県原の辻遺跡などからごく少量出土している。古墳時代では5世紀以降の古墳から出土しており、その中心は5～6世紀である。

この時期にみられる蜻蛉珠は数種類に分けられる。あらかじめ作ったモザイクガラス板を加熱、折り込んだり丸めたりして製作した折込モザイク珠、珠地に同心円などのモザイク文を貼り付けて埋め込んだモザイク貼付珠、2色以上のガラスを縞目にした縞目文珠、珠地に1色のガラスを埋め込んだ斑点文珠などである。

主な出土例としては折込モザイク珠が香川県安造田東3号墳（6世紀）（図89）から、モザイク貼付珠が香川県盛土山古墳（5世紀）（図90）などから、縞目文珠が奈良県新沢千塚126号墳（5世紀）・福岡県こうしんのう古墳（6世紀後半）（図91）などから、斑点文珠が大阪富木車塚古墳（6世紀後半）・兵庫県園田大塚山古墳（5～6世紀）（図92）などから出土している。特に斑点文珠は出土例が多い。

図89 安造田東3号墳 折込モザイク珠

図90 盛土山古墳 モザイク貼付珠

図91 こうしんのう古墳 縞目文珠

図92 園田大塚山古墳 斑点文珠

折込モザイク珠は、5～6世紀にビザンティンに例があるとされ、ハンガリーから出土している。アジアでは新羅（5～6世紀）、ジャワ島（6世紀）に折込モザイク珠の出土例がある。モザイク貼付珠の歴史は長く、ローマンガラスの製作地で紀元前1世紀頃から作られていた。盛土山古墳類型品は紀元2～4世紀の東南アジアや黒海沿岸の遺跡などから出土しており、また朝鮮半島の遺跡（5～6世紀）からも出土している。これらの珠は非常に高度な技術で作られている。

　縞目文珠は日本では雁木珠ともいわれている。東地中海で作られていたモザイクガラスの伝統を継ぐもので、東地中海沿岸で作られていたと考えられており、あらかじめ製作した板ガラスを巻くなどして製作したものである。アジアでは百済武寧王陵（6世紀前半）、オケオ（1～5世紀）などの出土例がある。このように、日本で出土した折込モザイク珠・モザイク貼付珠・雁木珠は西方製と考えて問題はない。

　一方、多数出土している斑点文珠は、紺色や青色の地に黄色いガラスを斑点文様として埋め込んだものが大半を占める。このタイプのガラス地は質が悪いものも多く、埋め込んだガラスが脱落しているものもみられる。畿内周辺から多く出土しており、その分布は他の蜻蛉珠と異なる様相をみせている。斑点文珠は西アジアやヨーロッパでは出土していないが、新羅の古墳から多数出土しており、新羅において西方の蜻蛉珠を手本にして作られた珠と考えられていた（由水 2003）。しかし近年、デザインは新羅から導入し、畿内で製作された珠であるとの説もある（安永 2008）。

　②　金層ガラス珠

　金層珠はガラスを2層にし、その間に金箔や銀箔を挟みこんだものである。奈良県新沢千塚126号墳（5世紀後半頃）、奈良県鴨山古墳（6世紀後半）、滋賀県宮山1号墳（6世紀中頃～後半）岡山県江崎古墳（6世紀後半～7世紀初頭）、岩手県長沼3号墳（7世紀後半）など、5世紀中頃から8世紀前半までの11箇所の古墳などから出土している。大半は7世紀初頭までの古墳で、副葬

の中心は6世紀である。鴨山古墳・江崎古墳以外は1～4点の出土で、多くは他の種類の珠とともに出土しており、首飾りなどとして使われていたと考えられる。

　金層ガラスは吹きガラス技法成立以前から盛んに作られていたが、特に吹きガラスが成立した後は、ローマンガラスの製作地において盛んに作られていた。1～3世紀頃までが全盛であったが、その後も黒海北岸など一部地域で製作された。この地域で製作されたものが、東アジアへと伝来したと思われる。東アジアでは中国、朝鮮、日本まで広く分布しており、中国では楼蘭（4世紀前半以降）などから、朝鮮半島では慶州金冠塚（5世紀第4四半期）、百済武寧王陵（武寧王525年卒・王妃529年卒）などから出土している。

（2）ガラスにみる倭国の国際交流

　以上、古墳やその他の遺跡から出土した、西方のガラス製品を概観した。新沢千塚126号墳出土のガラス器の製作年代は3～4世紀と、他の遺物とは異なり、早い。副葬されるまでに数世代伝世された可能性がある。その他のガラス製品は、5～6世紀頃がその製作年代と考えられ、伝来時期から時代をあまり隔てず副葬などされたものと考えられる。

　これら西方のガラス器は、どのような道をたどり、そしてなぜ、遥か東の果ての倭国の地で眠ることとなったのだろうか。

大陸の動乱と126号墳の被葬者像
　新沢千塚126号墳は群集墳の中の小型の長方形墳にすぎないが、多数の舶載品が副葬されていた。古墳の時期は、倭国の大型古墳に大陸式の文物が副葬されるよりやや早く、副葬品の内容も他に例をみないものであった。

　126号墳の副葬品はガラス器の他に、漆塗りの盤や青銅製熨斗、金製方形冠立飾（図93）・金製歩揺・金銅製帯金具などの各種の金銀製装身具など、非常

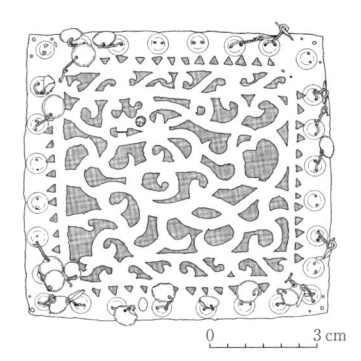

図93 新沢千塚126号墳　金製方形冠立飾実測図

図94 遼寧房身2号墓　金製方形冠立飾実測図

に国際色豊かなものである。青銅製熨斗は、中国晋代に製作されたと推定される遺物である。類型の青銅熨斗は後期ローマンガラスが出土した遼寧北票の北燕馮素弗墓（418年卒）からも出土している。金製方形冠立飾は、これに類似したものが晋代の鮮卑の貴族墓である遼寧北票県房身2号墓（4世紀第2四半期）から出土している（図94）。このタイプの飾りをもつ冠は鮮卑族が愛用していたようで、同系統の金冠が馮素弗墓からも出土している（町田 1997）。さらに百済の武寧王陵の王妃（525年葬）の棺からは、それが退化したと考えられる金冠飾りが出土している。またこの墓には青銅製熨斗も副葬されていた。金製歩揺は鮮卑や高句麗の文化圏と関係があり、金銅製帯金具は鮮卑族が使用していた金具を、朝鮮半島でアレンジして成立したものと推定されている。

　ガラス器・青銅熨斗・金製方形冠立飾は特に晋代や中国東北部に結びつき、その製作年代は4世紀、遅くとも5世紀初頭と考えられる。126号墳が作られた5世紀後半から隔たっているため、伝世されたものであることがわかる。

　被葬者はこれら出土品から渡来系の人物と考えられている。新羅古墳から多数のガラス器が出土しているために、被葬者の新羅との関係が推測され、また百済の武寧王陵から青銅熨斗や金製方形冠立飾が出土しているために、被葬者と百済の関係が推測されるなどしており、朝鮮半島からの渡来人とする説が一

般的である。しかしガラス器について類型品が西晋墓からは出土しているが、新羅からは出土しておらず、さらに朝鮮では西方で製作されたと考えられるガラス器も3～4世紀には出土していない。また青銅熨斗や金製方形冠立飾をみると、武寧王陵のものは時代が新しくさらに形態が変化しており、一方126号墳から出土したものは、より中国東北部の遺物に近いものと考えられる（橿原考古学研究所編 1977）。そのような点を鑑みると、被葬者は朝鮮半島というよりも、晋または鮮卑系の人々といった中国のそれも東北部との関係性が示唆される。これら青銅熨斗や金製方形冠立飾などの大陸における編年が明らかになれば、被葬者と大陸との詳しい関係がより明確になるだろう。

　西晋滅亡後から続く中国の長い動乱期の間、中国から多数の人々が朝鮮半島へ、そして一部は倭へと渡来したと考えられている。126号墳の被葬者の先祖も、そのような事情を抱えた人物と考えられる。朝鮮系の遺物もあることから、朝鮮半島に滞在してから倭へと渡った可能性もあるだろう。西晋におけるガラス器の類例の出土が3世紀後半であるが、その他青銅熨斗や金製方形版の類例を鑑みると、4世紀頃にこれらの遺物を携えて故地を離れた可能性が高い。ガラス器をはじめとするこれらの品々は、被葬者もしくはその祖が倭国へと海を渡った時に、共に携えてきたものであろう。特にガラス器は死者の頭部に接しておかれており、被葬者にとって特別の意味をもつ品であったのではないかと推測されている（橿原考古学研究所編 1977）。

大陸との交流と文物の伝来──後期ササンガラス器と倭国──

　5世紀以降、倭国は特に大陸と積極的に交流を行っていた。外交使節として人々が往来しただけでなく、また倭国へと移住した人々もいた。この時期、人々の交流とともに大陸からは多数の文物や知識などが伝来したのである。

　すでに4世紀から朝鮮三国との交流を行っていた倭国であるが、5世紀になると当時国力を増強していた高句麗に対抗して、同盟関係を強化した百済・伽耶諸国とは特に関係が深くなっていく。この地から武具・武器・装身具といっ

た品々がもたらされ、古墳に副葬されている。また 5 世紀の日本にとって最重要な対外関係の出来事のひとつは、中国王朝との通交の回復であろう。西晋の初め 266 年を最後に倭の中国王朝への通交は 150 年途絶えていた。再び中国王朝へ使者を送ったのは 421 年である。南朝の宋に朝貢し冊封を受けたのち、いわゆる倭の五王は 5 世紀代に繰り返し南朝の宋に遣使し、冊封を受けている。画文帯神獣鏡など南朝から伝来した遺物も、この時期の古墳から多数出土している。

5〜6 世紀代の古墳から出土する西方系のガラス製品、特に珠類はこのような国際的な交流の中で入手されたものである。蜻蛉珠は朝鮮を経由しての入手、中国からの直接的な入手、どちらも考えられる。蜻蛉珠が特に 5 世紀代に出現するという点を鑑みると、南朝への遣使の際に入手した可能性もある。蜻蛉珠のより詳細な研究と古墳の被葬者の研究により、その入手経路と当時の交流の様相はより明らかになるであろう。

一方でササンガラス器は、どのような経路で日本へと伝来したのだろうか。出土遺物と当時の国際状況から、検討してみたい。

これらササンガラス器は、円文切子をもつ碗が伝安閑天皇陵（6 世紀前半）から、浮出切子の破片が沖ノ島の祭祀遺跡（6 世紀後半）より出土している。また二重円文切子の破片が上賀茂神社本殿北方御前台で採集されている。いずれも 6 世紀の典型的な後期ササンガラス器である。

東アジアでは、後期ササンガラス器は中国の北朝から出土している。北周李賢墓（569 年卒）では沖ノ島と同じ浮出円文切子をもつ碗が副葬されている。また隋代には、咸陽王士良墓（583 年卒）から正倉院切子碗と同じ円文切子をもつ浅碗が出土している。一方、南朝では後期ササンガラス器は出土していない。6 世紀には南朝が弱体化したため混乱期にあり、南朝とササン朝との交易が活発であったとは考えられない。それに対し北朝は、北魏代から盛んにササン朝の文物が伝来していたが、北魏分裂後もササン朝とは引き続き活発な交流があった。ガラス器以外にも多数のササン系の遺物が出土している。日本へと

伝来した後期ササンガラス器は、少なくとも一度北朝下の中国へと伝来したものであると考えられるだろう。それが中国から直接か、または朝鮮半島を経て日本へともたらされることになった。

　しかし新羅の古墳から出土したガラス器は後期ローマンガラス器が中心であり、ササンガラス器の可能性があるものは1点に過ぎず、それも後期ササンガラスではない。また百済からは現在のところ西方のガラス器が出土していない。伝来していたが副葬品として埋葬しなかった可能性は否定できないが、しかし現在までの出土状況から判断すると、日本にみられる後期ササンガラス器に関しては、朝鮮半島を経て伝来したという根拠は必ずしもない。

　また沖ノ島では新羅系の舶載品が共伴しているため、この浮出切子ササンガラスも新羅経由の伝来とされることもあるが、沖ノ島の奉献品は一度大和政権の手に渡ったものの中から、あらためて選択されて奉献されたと考えるべきであり、一括した伝来品ではない。このため、単純に新羅経由と考えることはできない。

　ここで6世紀の倭国の国際交流をもう一度検討したい。北朝の攻勢により、5世紀末には倭国は南朝の交流ルートの確保が難しくなり、6世紀代には倭国の南朝への遣使の記述はみられない。一方で、倭国は北朝への正式な遣使を行っていない。これが後期ササンガラス器が、直接北朝から倭国へと伝来したと単純に考えることが難しい理由である。しかし正式な遣使という形以外で人々が往来していたことは十分考えられる。倭国に伝来した後期ササンガラス器は、そのような交流の証拠であるかもしれない。

　一方、朝鮮との状況はどうであろうか。5世紀には中国南北王朝と朝鮮三国、そして倭国の関係は、北朝―高句麗―新羅と、南朝―百済―伽耶―倭という二系統の関係に大まかに分かれており、それがまた通交ルートでもあった。しかし5世紀末になると新羅と高句麗との軍事的対立が深まっていき、対高句麗のために6世紀前半には新羅・百済・伽耶は時に同盟する状況となっていた。さらに6世紀後半になると新羅が百済と交戦状態に入り、562年に大伽耶

を滅ぼすという中で、新羅と百済は完全な対立状態に至った。百済と同盟関係にあった倭国もまた、新羅と対立的な状態にあった。しかし上述したように新羅系の文物もこの時期の遺跡から出土しており、倭国と新羅の交流は完全に絶えたとはいえない状況である。このような三国の対立の中、5世紀までは高句麗の独占状態であった北朝に対し、564年には新羅が、570年には百済が各々北斉に遣使を行い、柵封を受けている。

以上のような6世紀の朝鮮半島の状況下で、倭国が朝鮮経由で北朝にもたらされたササンガラス器を入手したのであるならば、6世紀後半であれば百済経由が最も可能性が高いと考えられる。6世紀前半であれば、百済だけでなく新羅の可能性も考えらえるが、いずれにせよ6世紀前半は百済と新羅は倭国と同様に北朝との正式な通交を行っていない。非公式な交流において入手したものが倭国へと伝来したと推測するならば、倭国―北朝との非公式な交流による入手という推測と、どちらも妥当性は同程度といえよう。

無論これらガラス器が、すべて同時に、同ルートで伝来したものであるとは考えられない。当然、異なる時期や異なるルートであっただろう。

ここでひとつ問題となるのが、この正倉院タイプの円文切子碗の製作年代である。谷一（1996）は、正倉院と同型の円文切子をもつ器の製作年代は、西方における製作工房の新発掘資料から鑑みて、6世紀半ばから後半と考えており、また中国の咸陽王士良墓から出土した浅碗が583年に埋葬されている点から、東アジアへは時期を経ずして伝来したとしている。さらに安閑天皇の在位は531〜535年であるため、正倉院型の切子碗の日本への伝来年代としては多少早すぎ、埋葬年代が下がるとすればきわめて示唆的である、と述べている。

伝安閑天皇陵出土ガラス器は、天皇所蔵の遺物と考えるべきものであり、より正式な通交ルートの中で伝来した可能性も高い。6世紀後半以降の伝来と考えられるのならば、6世紀後半に北朝に遣使朝貢を行っていた百済経由、というのは十分に考えられる伝来ルートであろう。一方で、日本が正式な遣使を中国に対して再開したのは600年の遣隋使であった。正倉院の円文切子碗が伝来

する時期としては、実は可能な年代ともいえる。

　以上のように、6世紀の複雑な国際状況を受けて、ササンガラス器の倭国への伝来ルートに関してはさまざまな疑問点が残り、今後さらなる研究が必要と思われる。そのような意味においても、この時期の複雑な国際関係をまさに映し出すガラス器といえよう。

　残念ながら、古墳時代の遺跡から出土しているガラス器は少なく、古代の日本人にとってガラス器やその副葬がどのような意味をもっていたかについて、現段階では考察することはできない。しかし例えば1872年に大山古墳（伝仁徳陵）の前方部石室で、126号墳のようなガラス製の碗と皿がセットになったものが確認された、という記録が残っている（黒川真頼 1910）。この時期の古墳には、はるかシルクロードを旅した後、いまだ千数百年の眠りから目覚めていないガラス器があるかもしれない。

第5章 ガラスにみるシルクロードの爛熟と仏教の隆盛

　南北朝の長きにわたる混乱に終止符が打たれ、ついに581年、隋王朝が中国の再統一を果たした。続いて618年には唐王朝が成立し、この7〜10世紀にかけて大唐帝国は東アジアに君臨し、中国はまさに政治文化の爛熟期を迎えることとなった。またこの中国が再統一された7世紀以降は、朝鮮半島では統一新羅が成立し、日本では飛鳥時代を迎え、東アジア全体が歴史時代の幕をあける時期であった。

　一方、隋唐帝国の繁栄を受けて、東西シルクロードの交流もまた華やかな時代を迎え、多数の文物が東西を行き交った。そしてそれら西方の文物は、隋唐との盛んな接触を通じて、朝鮮や日本へと多数もたらされている。

　この時期のシルクロードの繁栄と東西交渉については、すでにさまざまな史料、遺物からよく知られているところである。このシルクロードの繁栄を背景に、多数の西方のガラス器が東アジアへと伝来している。またその一方で、中国では鉛ガラスの生産が行われており、その影響を受けて、朝鮮・日本でもガラスの生産が開始される。各地におけるガラスの生産は、この時期、特に東アジア全体で隆盛となった仏教と深く結びついていく。

　この時期のガラス製品は、シルクロードの発展と仏教の隆盛を映し出しているものである。最後に、隋唐代とそれに併行する時期の、東アジアのガラスと社会について概観したい。

1. シルクロードの爛熟と伝来ガラス器

　この時期のシルクロードの繁栄は、多数の西方のガラス器を東アジアにもたらした。6世紀の末から7世紀にかけては後期ササンガラス器が、その後はイスラムガラス器が多数伝来している。

　隋代の遺跡からは後期ササンガラス器が出土している。陝西咸陽王士良墓（583年卒）から、少し緑がかった透明なガラスの円文切子浅碗が出土した（図95）。王士良は北魏・東魏・北斉に重臣として仕え、北周に投降後は大将軍に任じられ、隋朝初期に亡くなった人物であった。また陝西西安東郊清禅寺舎利墓（589年埋葬）からは、淡緑色透明ガラスの浮出切子瓶が出土した。

　唐代の陝西西安南郊何家村窖蔵からは、連環文を貼り付けた末期ササンガラス杯が出土している（図96）。平底の無色透明な杯で、胴部に円環文を3個つなげた装飾が8列並んでいる。この埋蔵品は長安城興化坊邠王府に相当する場所から出土した2個の大陶壺と1個の銀壺に納められていた。約270点の金銀器と、ビザンティン銀貨・ペルシア銀貨・和同開珎など外国の貨幣と中国の貨幣などと共伴しており、唐代の広い国際交流を示すものである。

　円環文を貼り付けた末期ササンガラスは朝鮮半島と日本にも伝来している。統一新羅時代の慶尚北道漆谷郡松林寺五重磚塔出土の緑色円環文舎利杯（図97）と、正倉院に伝世する紺琉璃杯（図98）がそれである。円環文舎利杯は、松林寺五重磚塔の基壇部出土の亀形石函に納められた、黄金製の舎利厨子の中に安置されていた。円環文舎利杯の中に、仏舎利を納めた緑色舎利瓶も置かれていた。円環文舎利杯は緑色透明な杯の胴部に、同色の円環文を上下に各6個ずつ貼り付けて装飾としている。正倉院に伝わる紺琉璃杯は、紺色の杯の胴部に同色の円環を22個貼り付けて文様としたもので、東方に伝来した後に銀製の脚台が取り付けられている。上述したように西安南郊何家村出土の連環文杯は日本の和同開珎を共伴しており、正倉院の紺琉璃杯が唐との活発な交流の中

第5章　ガラスにみるシルクロードの爛熟と仏教の隆盛　175

図95　咸陽王士良墓　円文切子皿

図96　西安南郊何家村窖蔵　連環文杯

図97　松林寺磚塔　緑色円環文舎利杯

図98　正倉院　紺琉璃杯

でもたらされたことがうかがえる。

　651年にササン朝が滅び、東方へともたらされるガラスも、イスラムガラスへと変化する。唐代に奉納された陝西扶風法門寺地下営からは、皿・瓶・杯・茶托付茶碗など20点もの多数のガラス器が出土している（図10・99・100）。内面に線刻文で忍冬文を施して金箔をはめこんだ忍冬文皿、文様をラスター技法で焼き付けた柘榴文黄文皿など、文様のある多数の皿や、円環文や花形文を

図99 扶風法門寺地下宮 忍冬文皿

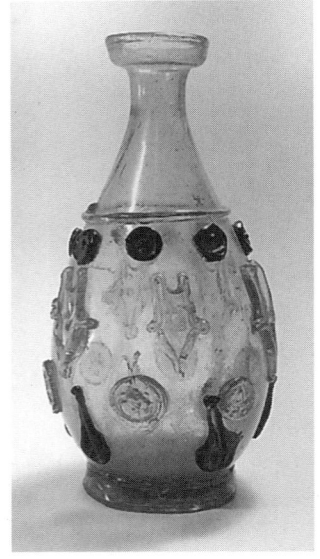

図100 扶風法門寺地下宮 円文・紐飾り貼付瓶

図101 臨潼慶山寺址 網目文舎利瓶

貼り付けた瓶など、状態も内容もすばらしいものである。これらはイスラムガラス器の優品であり、8～10世紀頃の類例品がエジプトやシリアなどのイスラムガラスの産地をはじめ、西アジアから出土している。法門寺ガラス器の質の高さは、皇帝の奉納品であったためであろう。法門寺は唐代に高い名声を誇った寺で、多数の皇帝がその地下営に宝物を奉納していた。最後に奉納されたのが874年で、その後1000年以上の長きにわたり、地下に埋もれたままであった。その宝物はガラス器をはじめ、金銀器、陶磁器、絹織物と非常に多様かつ多量で保存状態もよく、唐代の工芸技術や当時の東西交流をよく伝えるものである。またそれぞれの遺物の奉納年は定かではないが、874年が最後の奉納であったことが判明しているために、納められたイスラムガラス器の製作年代の下限もまた確定できる。法門寺のイスラムガラス器は、イスラムガラスの編年にとっても重要な遺物である。

　陝西臨潼慶山寺は741年に創建された寺であった。その仏舎利塔の心礎から出土したイスラムガラスの舎利瓶は、淡黄色を帯びた無色透明の小瓶で、ガラス紐を肩部と底部にめぐらし、胴部には網目文状に貼り付けている（図101）。ガラス紐による装飾は、ローマンガラス時代からみられたが、イスラムガラスもその伝統を引き継いでいた。網目文ガラス瓶は一般的な品で、法門寺出土ガラス器のような高級品ではなく、それが舎利瓶に転用されている点は興味深い。またこの慶山寺からは、金製舎利容器に納められた、中国製と考えられる小さなガラス製舎利瓶も出土している。

　日本にも多数のイスラムガラス器がもたらされている。奈良県唐招提寺の西国舎利瓶は、小塔の金亀舎利塔の中で仏舎利を納めて安置されている。飴色がかった透明の色調をもち、太目の短い頸部と肩の張った平たい胴部からなる。頸部には金属製の蓋がかぶせられており、これは伝来後につけられたものである。分析によるとソーダ石灰ガラスで、その形状からも初期のイスラムガラスである。仏舎利は753年の鑑真和上の渡来時に将来されたもので、この瓶はおそらく共にか、またはやや遅れる頃に日本へもたらされたものである。高級品

ではなく、むしろ本来は何か製品を詰めた容器として西方から輸出された可能性も考えられる。陝西慶山寺の舎利瓶と同様、一般的なガラス器の転用品としての使われ方が興味深い。この他正倉院に伝世する白瑠璃水瓶もまたイスラムガラスの伝来品で、類例品は9～10世紀頃とされている。

イスラムガラス器は、続く宋・遼の遺跡からも多数出土しており、また併行する時期の日本へも伝来している。

2. 中国における国産鉛ガラス器の製作

北魏代、中国において鉛ガラスによるガラス器の生産が始まっていたことについては、すでに前章で述べた。隋・唐代でも中国製と考えられるガラス器が、墳墓や仏教遺跡から出土している。

隋代の代表的な中国製ガラス器は陝西西安郊外の李静訓墓（608年卒）から出土したものである（図102）。緑色蓋付小壺1、緑色卵形器2、浅緑色管形器1、緑色瓶1、緑色無頸瓶1、緑色小杯2と8点のガラス器が出土している。蓋付小壺と卵形器は緑色で同様の質をもち、この2種類と管形器が分析によると高鉛ガラスであった。蓋付小壺は典型的な中国の器形であり、また卵形器も中国独自の形態である。淡緑色の管形器は内部を削って製作されたもので、筆軸と考えられている。北魏代と同じく高鉛ガラスで作られたこれらのガラス器は、形態からもその材質からも、中国で作られたものである。この管形器の類例品が日本の奈良県斑鳩町竜田御坊山3号墳（7世紀）から出土している（図103）。一方、小杯と瓶2種はソーダ石灰ガラスで、宙吹きで作られ底にポンテ痕があり、開口部も折り返しやなめしによって滑らかに仕上げられている。この4点は中国製（安家瑶 1984）、中国以外での製作（由水 1992b）、両方の指摘がある。

李静訓は皇孫で、9歳で死亡している。育ての親である周皇太后の嘆きがし

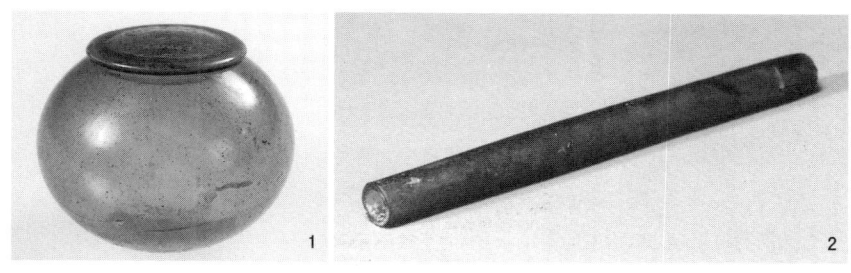

第5章　ガラスにみるシルクロードの爛熟と仏教の隆盛　179

図102　西安李静訓墓　1. 蓋付小壺　2. 管形器

図103　竜田御坊山3号墳　管形器

のばれるように、その墓からはササン朝の銀貨やビザンティン風の首飾りを含む多数の豪華な副葬品が出土した。西方からの伝来品と、中国製ガラス器を共に副葬している点は興味深い。

　この他、墳墓からの中国製ガラス器と考えられる出土品は、隋代の陝西西安郭家灘姫威墓（610年卒）出土杯や唐代の陝西三原県李寿墓（630年卒）出土瓶、湖北鄖県李泰墓（652年卒）出土短頸瓶などがある。これらは宙吹きによるもので、独特の緑色または黄色を呈しており、すべて鉛ガラス製である。李寿は唐皇祖李淵の従弟、李泰は太宗の第4子といずれも皇族であった。このように皇室と関係する人物の墓に副葬されている例は多く、中国製ガラス器も高級品であったことがわかる。

　中国製ガラス器は、仏教遺跡から出土したものも含めて、形態は単純で装飾

も少ない。前章でもふれたように、隋唐期の墳墓のみならず生活址等の遺構から中国製ガラス器の出土品は非常に少なく、日常的に普及していた様子はうかがえない。魏晋南北朝以降、特に北魏隋唐代において多数の西方ガラス器が伝来し、愛用されている状況は、出土遺物や文献からよく知られている。そのような中で、宙吹きによるガラス器の製作技法も西方から伝来し、中国におけるガラス器の製作が開始された。かつての蜻蛉珠のように西方の優品を手本にして、国内でさまざまな形態のガラス器や装飾ガラス器を作ろうという試みはなかったのであろうか？　この時期の中国において、何故ガラス工芸があまり発展しなかったのか、という疑問が生じる。

　ガラス器より陶磁器が好まれた、という見方もあるが、多数の西方のガラス器が存在し、愛用されている点をみると、好まれなかったという論は成り立たない。西方のガラス器の優品が多量に搬入されていたため、装飾のあるガラス器はそれで事足りた可能性もある。また輸入品であるから価値がある、といった考えもあったかもしれない。中国のガラス工芸の発展を阻害したものが、シルクロードの繁栄であったとしたら、やや皮肉な結果であろう。しかし次に述べるように、ガラスの製作と使用が仏教と結びついたことが、大きな原因であった可能性がある。

3. ガラスと仏教

　仏教において、「瑠璃」は浄土を飾る七宝（金・銀・水晶・珊瑚・琥珀・瑪瑙・瑠璃）のひとつとされている。「瑠璃」という言葉とガラスの関係については複雑になるのでここでは取り上げないが、東アジアでは「瑠璃」＝ガラスとして、仏舎利あるいは仏像、寺院等の荘厳にふさわしい材料として使われている。ガラス製品は仏教と密接な結びつきをもつこととなったのである。

中国におけるガラス製舎利容器の展開

　仏教はシルクロードを通って漢代に中国に伝来した。仏教もまた、シルクロードがもたらした概念のひとつといえよう。4世紀頃には社会に浸透し、南北朝時代には国家や貴族層が仏教を保護するまでになった。北朝では北魏太武帝時代に大弾圧があったものの、仏教は皇帝の庇護のもと北魏の国教というべき地位を確立し、仏像・仏寺が盛んに作られた。続く隋は仏教を保護し、仏寺が盛んに作られ、また仏舎利を納める石塔を全国に建設する事業も行われた。唐代においても仏教は帝室・貴族の保護を受けて最も栄え、多数の寺が建てられ、諸宗派が確立した。インドとの間に仏僧の往来が行われただけでなく、朝鮮半島や日本から多数の僧が中国へと渡り、仏教を学び帰国している。

　このように仏教が隆盛を誇る中で、隋唐では多数のガラス製品が仏教寺院にて用いられることとなった。西方からの搬入品をみても、慶山寺ではイスラムガラスが舎利瓶に転用されており、法門寺では宝器としてイスラムガラス器が奉納されていた。また北魏で製作された鉛ガラス器の最初期の例は、河北定県華塔塔基に埋納されていたガラス器であった。

　特に舎利瓶には多数の中国製ガラス器がみられる。甘粛涇川大雲寺舎利塔基出土石函（694年埋蔵）内の舎利瓶、陝西西安東郊仏塔基壇下出土舎利函（719年）中の舎利瓶、陝西臨潼慶山寺址出土舎利瓶（741年建立）（図104）、黒龍江寧安県仏塔基壇下舎利石函中の舎利瓶などが代表例である。いずれも緑色の鉛ガラスの小瓶で、宙吹きで作られ、膨らんだ胴部と細長い頸部をもつ。これらの中国製ガラス舎利瓶は転用品ではなく、舎利瓶として使用するために作られたものであろう。同様の中国製ガラス舎利瓶は、日本や朝鮮半島でも出土している。

　舎利すなわち釈迦の遺骨をまつり荘厳することは、インドより始まっている。古代インドの舎利容器は石製・金銅製・木製・水晶製などが知られている。透明という点を重視して、水晶製の舎利容器が転じてガラス製となったのであろうか。中国では仏教が盛んになった魏晋南北朝期には、西方から伝来し

図104 臨潼県慶山寺址　舎利瓶

た吹きガラスの技術を使って、透明な器の製作が開始されていたが、舎利容器をガラスで製作して仏教寺院の塔下に埋蔵する慣習は、隋代に始まったと考えられる。また唐代では、舎利容器は外容器を金属で作り、内容器をガラス製で作る例が多くみられる。舎利に直接触れ、かつ外側から見えない内容器をガラス製とした点を鑑みると、ガラス製舎利瓶はその透明性が重視されていたと考えるよりも、七宝のひとつとしてのガラスが舎利容器にふさわしい素材として認識されていたとみなすべきであろう。

　このように中国のガラス器の生産において、舎利容器の製作は非常に重要な位置を占めており、また荘厳品も主要なガラス製品であった。ガラスの製作と使用が仏教と結びついたため、世俗的な器の製作や使用について、抵抗が生まれた可能性も高いと思われる。しかし一方で、盛んに西方のイスラムガラス器が輸入されている点をみると、抵抗感があったとしても、西方のガラス器に対しては感じなかったのであろう。そのことがまた、西方のガラス器を求める原

動力ともなったのかもしれない。

朝鮮半島のガラス製舎利容器

676年、朝鮮半島を統一した新羅でも仏教が鎮護国家の宗教として栄え、多数の寺院が建てられた。ガラス製舎利容器は統一新羅の仏教遺跡からも多数出土している。松林寺五重塼塔基壇出土の緑色円環文舎利杯中に納められていた緑色舎利瓶、全羅北道益山郡益山王宮里五重塔出土舎利瓶（図105）、慶尚北道外東面華厳仏国寺釈迦塔納置舎利容器（751年建立）などが代表例で、7～9世紀の主に塔中から出土している。いずれも宙吹きで小瓶に作ったもので、緑色透明を呈する。このようなガラス製舎利瓶の使用は、中国から伝わった慣習であろう。

図 105 益山郡益山王宮里五重塔舎利瓶

松林寺の薄手の舎利瓶は鉛ガラス製で、同型の益山王宮里舎利瓶と共に中国製と考えられている。甘粛涇川大雲寺舎利塔基から出土した舎利瓶とは同型で、また日本でも法隆寺五重塔心礎中の舎利瓶が類型をなしている。唐との国家的交流や中国で学んだ僧によってもたらされたものであろう。一方、8世紀以降のものは同様の色調を呈しているが、新羅製の可能性も検討されている。

7世紀に入ると朝鮮半島ではガラスが原料から生産されていた。百済の武王期（600～641年）の益山王宮里遺跡では、宮城の一部からガラス工房が発見され、鉛ガラスの生産と少量のソーダ石灰ガラスの生産が行われていたことがわかっている（田庸昊 2008）。鉛ガラス生産の技術は中国から伝来したものである。新羅もまたその技術を吸収し、ガラスの生産を行っていたと考えられる。

4. 日本の律令国家とガラス生産

　中国に統一王朝が建国されると、中国を手本に律令国家への基盤を築きつつある日本は、大陸の進んだ制度と文化を輸入しようと遣隋使・遣唐使を中国に派遣する。すでに6世紀中頃に仏教は伝来しており、仏僧も含めた留学生が中国の文物を直接に学びとるため同行していた。現在正倉院に伝世している紺琉璃杯・白瑠璃水瓶などのササンガラス器・イスラムガラス器や、法隆寺五重塔心礎中の中国製舎利瓶などは、彼ら遣隋使・遣唐使や留学僧・留学生が持ち帰ったものが多数含まれていると考えられる。それらガラス器は、日本と中国との活発な交渉を物語るだけでなく、隋唐帝国の繁栄とそれを背景にしたシルクロードの繁栄、そして仏教の隆盛が、東アジア全体に広く影響を及ぼしたことを示すものである。

　すでに古墳時代後期から、日本でも原料からのガラス生産が行われていたと考えられているが、奈良県飛鳥池遺跡で7世紀後半のガラス製作工房が発見され、高鉛ガラスが付着した坩堝やその未製品、原料などが出土している。この鉛ガラスの同位体分析によると、国内の鉛を使用しており（肥塚 2001）、この時期に原料鉱石を溶融したガラス生産が開始されていたことは確実である。坩堝で溶融させたガラスからは、型に注ぎ込む鋳造製品や、芯巻技法によるガラス珠などが、製作されていたと考えられている。百済滅亡による工人の渡来が契機となったのではないかと指摘されているが（高橋照彦 2002）、百済経由であるとしても、中国の高鉛ガラスの製作方法が伝わったものである。

　一方、飛鳥池遺跡をはじめ、古墳時代～8世紀頃の遺跡から、ガラス珠を作るたこ焼き型の鋳型も出土しており（図106）、飛鳥池遺跡の鋳型には高アルミナのソーダ石灰ガラスが付着していた。このタイプのガラスはインド製と考えられている。たこ焼き型の鋳型は、ガラスを砕いて鋳型に詰めて加熱し、再溶融することによりガラス珠を製作するもので、搬入されたガラス製品の再利

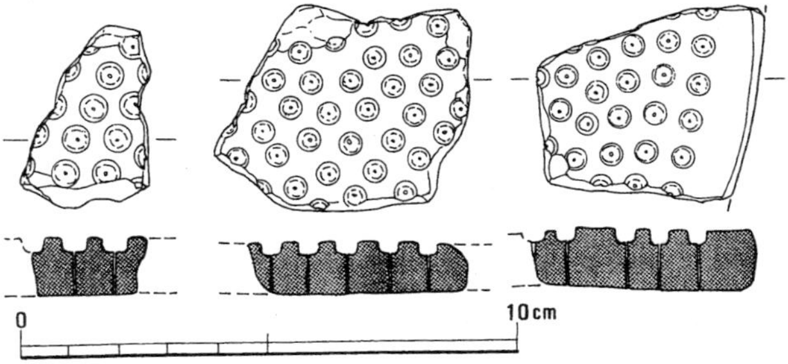

第 5 章　ガラスにみるシルクロードの爛熟と仏教の隆盛　185

図 106　飛鳥池遺跡　ガラス小珠鋳型実測図

用も可能である。改鋳という弥生時代からの方法による珠の製作も行われていたことを示している。

　この時期に製作されていたガラス製品は珠類が中心と考えられるが、多くはないが器も作られていた。文根補麻呂（707 年卒）の墓からは国産の緑色ガラス有蓋壺が出土しており、高鉛ガラスを用いた、おそらく鋳造による製作と考えられる。これは火葬灰の入った骨蔵器で、火葬の普及は仏教隆盛の影響によるものである。これもまた仏教に関するガラス器のひとつともいえよう。

　6 世紀末以降、古墳時代末期から飛鳥・奈良時代のガラスは装飾品として墳墓から出土しているものも多いが、特に仏教関連遺跡からの出土品や仏教寺院における伝世品が多数みられる。仏教伝来以後、日本でも仏法により国家の安泰を図ろうとする鎮護国家の思想を背景に、多数の仏教寺院が建てられた。

　舎利容器にガラス器を使用する慣習もまた中国から伝来した。唐招提寺において中国からもたらされたイスラムガラス器を、舎利容器に使用したことについてはすでに述べたが、この他、仏教寺院の塔下にガラス製舎利容器を埋納する慣習も踏襲された。奈良県法隆寺五重塔礎埋納舎利瓶（7 世紀後半再建着工）（図 107）、滋賀県崇福寺塔址出土舎利瓶（668 年創建）（図 108）などの例がある。これらの舎利瓶は鉛ガラス製で、唐代の中国で製作されたと考えられるものである。

　また、ガラス製品は寺院の建立に際する鎮壇具や、寺院の堂内や仏像の荘厳

図 107 法隆寺五重塔礎　埋納舎利瓶出土状況

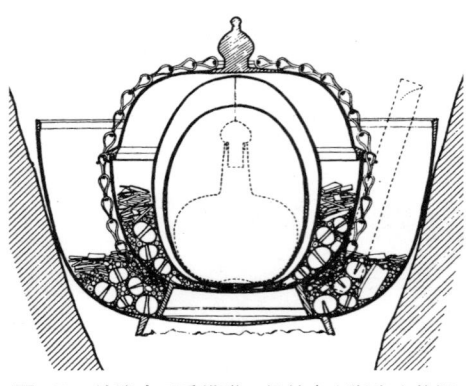

図 108 崇福寺塔址　舎利瓶

品にも使われている。鎮壇具は寺院の建立に際する鎮壇の儀式において、地中に埋められた品である。ガラスは七宝のひとつとして鎮壇具には欠かせないものであった。奈良県興福寺中金堂基壇出土鎮壇具（8世紀初め建立）や奈良県元興寺塔址出土基壇具（718年創建）などが知られており、ガラス製の丸珠・平珠や蜻蛉珠、捻り珠などが出土している。興福寺の平珠は鉛ガラス、元興寺の丸珠は鉛ガラスとソーダ石灰ガラスで、捻り珠は鉛ガラスである。鉛ガラスは国内製、ソーダ石灰ガラスの珠は搬入品の国内における改鋳製であろう。

　堂内の荘厳具では、特に華鬘・幡・天蓋などの瓔珞でガラス珠が多用された。「続修正倉院文書」に収録された733年の造東大寺司の文書には、荘厳具としてガラス雑色珠約6500個が用意されたことがみえるほか、用途は不明であるが24万個にも及ぶガラス雑色珠が記されている（内藤 1999）。実際、正倉院宝物にはさまざまなガラスを用いた荘厳具が伝わっており、その具体例をみることができる。また正倉院ではガラス器以外にも伝世しているガラス製品が多数みられるが、大部分は珠であり、その点数は数万点にのぼる。上述したように荘厳具に使用されているものや、数珠、双六の石、未使用の装飾用の珠などがある。またおもしろいものでは、魚形（瑠璃魚形）や物差（瑠璃小尺）

などがある（図 109）。分析によるとこれらの大半は鉛ガラス製であり、日本製であると考えられる。これら正倉院の遺例は造東大寺司（東大寺の建立に携わった機関）によって製作されたものと考えられ、造東大寺司がガラスの大量生産を可能としていたことがうかがえる。

また実作例は残っていないが、仏前において玉・金・数珠・花などを添える供養具として、ガラス器が使われていたようである。その様子は法隆寺の金堂壁画1号壁に描かれたガラス製丸皿をもつ菩薩像や、東大寺要録にみられる東大寺大仏にガラス壺に入れられた砂金が添えられてあったとの記述、大安寺の資材帳（747年撰述）に白玉四丸を入れたガラス壺があったとの記述などからもうかがえる（内藤 1999）。おそらくこれらガラス器には、中国からもたらされたものと、国内で製作されたものがあったのであろう。

同時代の寺院造営時におけるガラス製作に関する史料が現存している。興福寺西金堂の造営のための「造仏所作物帳」（734年5月1日付）には、鉛ガラスの製法が記された文書が残っており、そこにはガラス珠の種類、鉛ガラス製作のための材料、作成法が記述されている。材料は重量まで詳しく記載され、材料の用途も細かく記されている。この時期のガラス製作資料として非常に重要な文献であり、世界的にみても貴重なものである（由水 1992c）。またこの文書からも、寺院建設にあたってガラス珠は10万個単位で大量に使用されたことがわかる。この時期は鎮護国家の思想のもと多数の寺院が建設されていた。それぞれの寺院の造営時にはガラス製品が、主に珠を中心に大量に作られており、その数量は膨大なものであったと考えられる。また壊れやすいものであるため、造営時のみならず、修理のため製作が続けられていたことは容易に想像がつく。

このように、日本においてもガラスの製作は仏教と密接な関係があったことが、遺物からもまた文献からもうかがえる。鉛ガラスの製作自体が、仏教との関連において伝授された可能性もあろう。食器などの世俗的な品の生産が行われなかったこともまた、中国と軌を一にしている。仏教との密接な結びつき

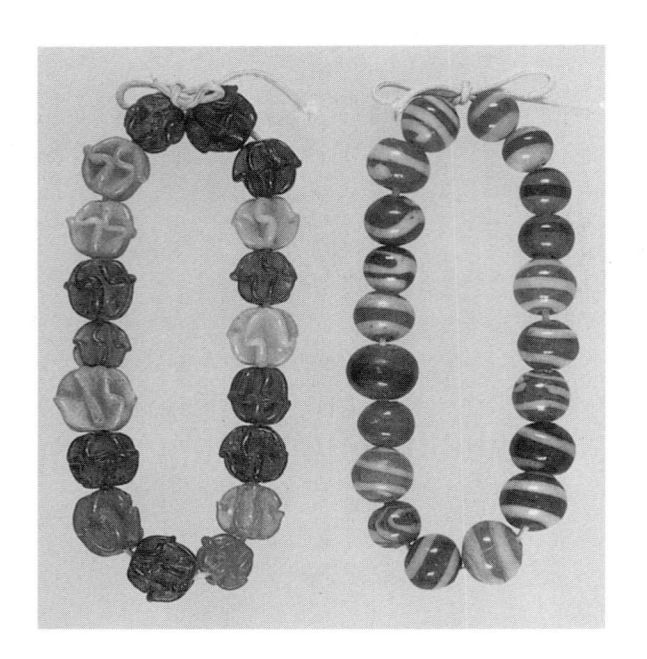

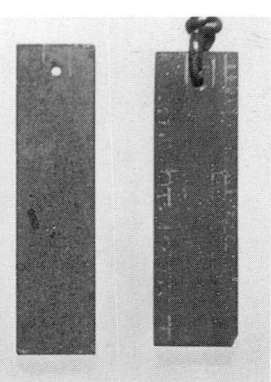

図109 正倉院宝物 珠・魚形・物差

が、日本においてもガラス器が飲食容器としての発展へと向かわなかった、最も大きな要因であったのではないだろうか。

その後、東アジアでは多数のガラス器が西方から輸入されていたものの、各地における日常的なガラス製品の生産が発達することはなかった。ガラス本来の特性を生かした製品作りに目を向けられることはなかったのである。

しかし長い時間をおいて、中国では清代、日本では江戸時代になると、飲食器や飾りとしてのガラス製品の製作が隆盛を迎えることとなる。その契機となったのは、オランダやイギリスをはじめとするヨーロッパ諸国の東アジアへの進出と、その装飾的なガラス器の流入であった。東アジアにおけるガラス製品発展の原動力となったのが再び西方のガラスであったことは、ガラス製品がまさしく東西文化の交流を反映する品であることの証といえよう。

参考文献

※発掘報告書に関しては、本文中に遺跡名や遺物を取りあげて記している主要なものだけを記載している。

【日本語】
穴沢咊光・馬目順一
 1980「慶州鶏林路14号墓出土の象嵌金装短剣をめぐる諸問題」『古文化談叢』7
綾野早苗
 2000「津山市有本遺跡出土ガラス管玉について」『古代吉備』第22集
新井　宏
 2000「鉛同位体比による青銅器の鉛産地推定をめぐって」『考古学雑誌』85-2
安　家瑶（谷一尚訳）
 1992「中国の古代ガラス」『世界ガラス美術全集4 中国・朝鮮』求龍堂
石田茂作
 1950「西淋寺白瑠璃碗―資料紹介」『考古学雑誌』36-4
伊都歴史資料館
 1998『伊都国発掘98　秋季企画展―王がいた証―』伊都歴史資料館
今村啓爾
 1998「紀元前1千年期の東南アジアと中国の関係」『東南アジア考古学』第18号
岩滝町教育委員会
 2000『大風呂南墳墓群』岩滝町文化財調査報告書第15集
上野祥史
 2003「漢墓資料研究の方向性」『国立歴史民俗博物館研究報告』第108集
梅原末治
 1932『慶州金鈴塚・飾履塚発掘調査報告』大正13年度古蹟調査報告
梅原末治編
 1936『洛陽金村古墓聚英』小林写真製版所出版部
王　文清編
 1994『陝西省十大博物館』中国図書輸出輸入会社西安会社
大賀克彦
 2002「日本列島におけるガラス小玉の変遷」『小羽山古墳群』福井県清水町教育委員

　　　　会
　　2010「日本列島におけるガラスおよびガラス玉生産の成立と展開」『月刊文化11 No.566』
大阪府立弥生文化博物館
　　2002『青いガラスの燦き』大阪府立弥生文化博物館図録24
大宮町教育委員会
　　1998『三坂神社墳墓群・三坂神社裏古墳群・有明古墳群・有明横穴群』京都府大宮町文化財調査報告書第14集
　　2001『左坂古墳（墳墓）群G支群』京都府大宮町文化財調査報告第20集
岡内三眞
　　1993「朝鮮出土のガラス管玉」『早稲田大学大学院文学研究科紀要』別冊第39集、哲学・史学編
岡崎　敬
　　1970「漢とローマを結ぶ」『漢とローマ』平凡社
岡村秀典
　　2000「儀礼用玉器の展開―春秋戦国時代の玉器」『世界美術大全集　東洋編第1巻』小学館
小澤正人
　　2006「考古学から見た楚文化の地域性～楚墓を資料として」早稲田大学長江流域文化研究所2006年シンポジウム「楚墓の発掘と楚文化の地域性」資料
小澤正人・谷豊信・西江清高
　　1999『中国の考古学　世界の考古学7』同成社
小田幸子
　　1977「新沢千塚126号墳出土のガラス器とガラス玉」『新沢千塚126号墳』奈良県教育委員会
小田富士雄・武末純一
　　1991「日本から渡った青銅器」『日韓交渉の考古学』六興出版
小山田宏一
　　1995　「副葬品」『季刊考古学』第52号
橿原考古学研究所編
　　1977『新沢千塚126号墳』奈良県教育委員会
橿原考古学研究所附属博物館編
　　2010『大唐皇帝陵』奈良県立橿原考古学研究所付属博物館特別展図録第73冊
春日市教育委員会
　　1994『須玖五反田遺跡』春日市文化財調査報告書第22集

春日市教育委員会編
  1994『奴国の首都　須玖岡本遺跡』吉川弘文館
唐津湾周辺遺跡調査委員会編
  1982『末盧国―佐賀県唐津市・東松浦郡の考古学的調査研究』六興出版
河上邦彦
  1991「中国漢代墓の一つの墓制―面罩―」『古代の日本と東アジア』小学館
川越俊一
  2000「7、8世紀におけるガラス生産」『古代東アジアにおけるガラスの生産と流通』レジメ、奈良国立文化財研究所
川又正智
  2006『漢代以前のシルクロード』雄山閣
川本芳明
  2005『中国の歴史5　中華の崩壊と拡大―魏晋南北朝』講談社
キー、グエン・チュオン（平野裕子訳）
  2005「ベトナムの古代ガラス（1）」『GLASS』48
  2006「ベトナムの古代ガラス（2）」『GLASS』49
  2008「ベトナムの古代ガラス（3）」『GLASS』52
木下尚子
  1987「弥生定型勾玉考」『岡崎敬先生退官記念論集　東アジアの考古と歴史』同朋舎出版
京嶋　覚
  2009「ガラス小玉鋳型出土の意義」『古代学研究』182
京都府埋蔵文化財調査研究センター
  1998『京都府遺跡調査概報』第84冊
金　奎虎・肥塚隆保
  2010「韓国出土の古代ガラスの概要」『月刊文化財11　No.566』
楠山春樹
  1979『淮南子（上）』新釈漢文大系54、明治書院
クライン、ダン＆ロイド、ウォード編（湊典子・井上暁子訳）
  1995『ガラスの歴史』西村書店
黒川高明
  2009『ガラスの文明史』春風社
黒川真頼
  1910「日本玻璃七宝説」『黒川真頼全集3』黒川真道編、国書刊行会
原州聯合考古隊

2000『北周田弘墓』勉誠出版
小泉彰夫
　　1927「慶州瑞鳳塚の発掘」『史学雑誌』38-1
孔　祥星・劉　一曼（高倉洋彰・田崎博之・渡辺芳郎訳）
　　1991『中国古代銅鏡史』海鳥社
肥塚隆保
　　1996「化学組成からみた古代ガラス」『古代文化』第48巻8号
　　1999a「ガラスの調査研究」『日本の美術9　No.400 美術を科学する』至文堂
　　1999b「古代のカリガラス―大風呂南墳墓群出土の青色ガラス釧―」奈良文化財研究所年報 1999-I
　　2001「古代ガラスの材質と鉛同位体比」『国立歴史民俗博物館研究報告』86
　　2009「日本出土の古代ガラス」『GLASS』53
　　2010「古代ガラスの科学」『月刊文化財11　No.566』
肥塚隆保・田村朋美・大賀克彦
　　2010「材質とその歴史的変遷」『月刊文化財11　No.566』
古代オリエント博物館他編
　　1991『南ロシア騎馬民族の遺宝展』図録、朝日新聞社
　　2009『ユーラシアの風　新羅へ』山川出版社
小寺智津子
　　2005「東方で眠りについたガラス～朝鮮半島・日本の古墳より出土した西方のガラス器」『ガラスの博物誌』中近東文化センター
　　2006a「弥生時代のガラス製品の分類とその副葬に見る意味」『古文化論叢』55
　　2006b「弥生時代併行期における朝鮮半島のガラス製品―管玉・曲玉を中心とする様相」『古代学研究』174号
　　2006c「弥生時代の副葬に見られる玉類の呪的使用とその背景」『死生学研究』2006年秋号
　　2010a「弥生時代のガラス釧とその副葬」『東京大学考古学研究室研究紀要』24
　　2010b「紀元前後のカリガラス製装飾品とアジア社会の交流」『東南アジア考古学会研究報告』第8号
小林行雄
　　1978「弥生・古墳時代のガラス工芸」『MUSEUM』No.324
近藤光男
　　1977『戦国策（中）』全釈漢文大系24、集英社
斉　東方（古田真一訳）
　　2005「何家村出土の宝物と東西交流」『中国☆美の十字路展』大広

斉藤　努
　　　2003「鉛同位体比産地推定法とデーターの解釈について」『国立歴史民俗博物館研究報告』第108集
早乙女雅博
　　　2000『朝鮮半島の考古学　世界の考古学10』同成社
佐賀県教育委員会
　　　1994『吉野ヶ里』吉川弘文館
ザルデン、アクセル・フォン（岡本文一訳）
　　　1992「アカイメネス朝とササン朝のカット・グラス」『世界ガラス美術全集1　古代・中世』求龍道
サントリー美術館編
　　　1999『日本のガラス2000年―弥生から現代まで』図録、サントリー美術館
蔀　勇造
　　　1997「新訳『エリュトラー海案内記』」『東洋文化研究所紀要』第132冊
　　　1999「エリュトラー海案内記の世界」『市場の地域史　地域の世界史9』山川出版社
島根県立八雲立つ風土記の丘編
　　　2001『ガラスのささやき〜古代出雲のガラスを中心に〜』島根県立八雲立つ風土記の丘
朱　岩石
　　　2001「北朝都城とシルクロード（概要）」『甦るシルクロード』早稲田大学125周年記念シルクロード国際シンポジウム予稿集
城陽市教育委員会
　　　1987『芝ヶ原古墳』城陽市埋蔵文化財調査報告書第16集
徐　苹芳
　　　1991「考古学より見た中国から日本へのシルクロード」『「ユネスコ・シルクロード海洋ルート調査」奈良国際シンポジウム'91　報告書』なら・シルクロード博記念国際交流財団
白石太一郎
　　　2011「ヤマト王権と沖ノ島祭祀」『第5回「宗像・沖ノ島と関連遺産群」専門家』資料
真道洋子
　　　2000「イスラームのガラス工芸」『世界ガラス工芸史』美術出版社
真道洋子編
　　　2005『ガラスの博物誌〜ガラス文化の源流を探る〜』ガラスの博物誌展図録、中近東文化センター

ストラボン（飯尾都人訳）
　　1994『ギリシア・ローマ世界地誌』龍渓書店
大韓民国文化広報部文化財管理局編
　　1975『天馬塚発掘調査報告書』学生社
大広編
　　2005『中国☆美の十字路展』大広
高橋進一
　　1999「古墳出土のサンドイッチ・グラス玉について」『田中義昭先生退官記念文集 地域に根ざして』田中義昭先生退官記念事業会
　　2000「日本古代のトンボ玉について」『古代東アジアにおけるガラスの生産と流通』レジメ、奈良国立文化財研究所
高橋照彦
　　2002「日本古代における三彩・緑釉陶の歴史的特質」『国立歴史民俗博物館研究報告』第94集
高浜　秀
　　2000「古代中国青銅器にみられる象嵌」『中国国宝展図録』朝日新聞社
高浜　秀・林　俊雄・雪嶋宏一編
　　1992『スキタイ黄金美術展』図録、日本放送協会・NHKプロモーション
武末純一
　　2002「五弥生文化と朝鮮半島の初期農耕文化」『古代を考える　稲・金属・戦争』吉川弘文館
竹田　晃・黒田真美子編
　　2007『穆天子伝・漢武故事・神異経・山海経他』中国古典小説選1、明治書院
田中史生
　　2010『倭国と渡来人』吉川弘文館
田中良之・川本芳昭編
　　2006『東アジア古代国家論』すいれん舎
谷一　尚
　　1986「松林寺のガラス製舎利容器」『町田甲一先生古希記念会編―論叢仏教美術史』吉川弘文館
　　1992「ガラスの起源」『世界ガラス美術全集1　古代・中世』求龍道
　　1993『ガラスの比較文化史』杉山書店
　　1996「中国咸陽出土の正倉院型切子ガラス碗」『古代文化』第48巻8号
　　1997『世界のとんぼ玉』里文出版
　　1998「中国の古代ガラス」『世界美術大全集　東洋編第2巻』小学館

1999 『ガラスの考古学』同成社
2000a「前1千年紀のガラス工芸」『世界ガラス工芸史』美術出版社
2000b「ササン朝ペルシアのガラス工芸」『世界ガラス工芸史』美術出版社

田村晃一
1986「生産と流通」『岩波講座日本考古学3』岩波書店

丹後町教育委員会
1983「丹後大山墳墓群」『京都府丹後町文化財調査報告』第1集

中国社会科学院考古研究所編著（関野雄監訳）
1988『新中国の考古学』平凡社

津村真輝子
2001「中国から出土するサーサーン式コインの特徴」第8回ヘレニズム～イスラーム考古学研究会レジメ

鶴間和幸
2004『中国の歴史3 ファーストエンペラーの遺産―秦漢帝国』講談社

田　庸昊
2008「古代韓日の金属・ガラス製品生産関連研究の現況と課題」（日韓文化財論集Ⅰ）『奈良文化財研究所学報』第77冊

東京国立博物館
1980『東洋古代ガラス―東西交渉史の視点から―』図録、東京国立博物館

東京国立博物館・朝日新聞社編
2007『悠久の美―中国国家博物館名品展』図録、朝日新聞社

東京国立博物館・読売新聞社編
2010『誕生！中国文明』図録、読売新聞社・大広

東京国立博物館・NHK他編
1998『唐の女帝則天武后とその時代展』図録、NHK他

東方考古学会
1990『陽高古城堡―中国山西省陽高県古城堡漢墓』六興出版

豊岡市教育委員会
2003『香住門谷遺跡群』豊岡市文化財調査報告書第34集

内藤　榮
1999「仏教美術と瑠璃」『日本のガラス2000年―弥生から現代まで』サントリー美術館

長澤和俊
1989『海のシルクロード史』中央公論社

中園　聡

　　　　1991「墳墓にあらわれた意味」『古文化談叢』第25集
中山公男他
　　　　2000『世界ガラス工芸史』美術出版社
奈良国立文化財研究所飛鳥資料館
　　　　1988『仏舎利埋納』(飛鳥資料館図録第21冊)
　　　　2000『飛鳥池遺跡』(飛鳥資料館図録第36冊)
西谷　正
　　　　1982「朝鮮先史時代の勾玉」『森貞次郎博士古希記念―古文化論集』
野島　永
　　　　2000「弥生時代の対外交易と流通」『丹後の弥生王墓と巨大古墳』季刊考古学別10
ノルテ、ビルギット(谷一尚訳)
　　　　1985『エジプトの古代ガラス』京都書院
ハーデン、ドナルド・B.(岡本文一訳)
　　　　1992「ローマングラス」『世界ガラス美術全集1　古代・中世』求龍道
浜田青陵
　　　　1932『慶州の金冠塚』慶州古蹟保存会
林　俊夫
　　　　2006『グリフィンの飛翔』雄山閣
　　　　2009『遊牧国家の誕生』世界史リブレット98、山川出版社
林　巳奈夫
　　　　1999『中国古玉器総説』吉川弘文館
原田淑人
　　　　1936「夜光の璧に就いて」『考古学雑誌』26-7
班　固(小竹武夫訳)
　　　　1998『漢書3　志下』筑摩書房
平勢隆朗
　　　　2005『中国の歴史2　都市国家から中華へ―殷周　春秋戦国』講談社
平野裕子
　　　　2001「ベトナムの古代ガラス―初期国家形成期における域内交流への一視点」『ベトナムの社会と文化』第3号、風響社
　　　　2004「東南アジアの古代ガラスから見た域内交流とその展開」『GLASS』47
平山郁夫シルクロード美術館他編
　　　　2007『シルクロードのガラス』山川出版社
広瀬和雄
　　　　1993「弥生時代首長のイデオロギー形成」『弥生文化博物館研究報告』第2集

広瀬和雄編
　　　2000『丹後の弥生王墓と巨大古墳』季刊考古学別冊10、雄山閣
深井晋司
　　　1968『ペルシア古美術研究―ガラス器・金属器―』吉川弘文館
　　　1983『ペルシアのガラス』（オリエント選書12）東京新聞出版局
深井晋司・高橋　敏
　　　1980『ペルシアのガラス』淡交社
福井重雅編
　　　2000『訳注　西京雑記・独断』東方書店
福岡県飯塚市立岩遺跡調査委員会編
　　　1977『立岩遺跡』河出書房新社
福岡県教育委員会
　　　1985『三雲遺跡―南小路地区編―』福岡県文化財調査報告書第69集
藤井慈子
　　　2000「ローマガラス」『世界ガラス工芸史』美術出版社
藤田　等
　　　1994『弥生時代ガラスの研究―考古学的方法―』名著出版
プリニウス（中野定雄他訳）
　　　1986『プリニウスの博物誌』Ⅰ〜Ⅲ、雄山閣
ブリル、ロバート・H.（山崎一雄訳）
　　　1991「古代アジアガラスの科学的研究」『「ユネスコ・シルクロード海洋ルート調査」
　　　　　奈良国際シンポジウム'91　報告書』なら・シルクロード博記念国際交流財団
ブレア、ドロシー（吉田晃雄・上松敏明訳）
　　　1998『日本の硝子史』日本硝子製品工業会
堀　敏一
　　　1993『中国と古代東アジア世界』岩波書店
本田　済・沢田瑞穂・高馬三良訳
　　　1969『抱朴子・列仙伝・神仙伝・山海経』中国古典文学大系8、平凡社
町田　章
　　　1997「古墳時代の装身具」『日本の美術No.371』至文堂
　　　2002『研究論集ⅩⅢ　中国古代の葬玉』奈良文化財研究所学報第64冊
馬淵久夫・江本義理
　　　1980「東洋古代ガラスの科学分析」『東洋古代ガラス』東京国立博物館
峰山町教育委員会
　　　2004『赤坂今井墳丘墓発掘調査報告書』京都府峰山町埋蔵文化財調査報告書第24集

宗像大社復興期成会
  1958『沖ノ島』
宗像大社文化財管理事務局編
  2003『「海の正倉院」沖ノ島』宗像大社
目加田　誠
  1978『世説新語（下）』新釈漢文大系78、明治書院
森　浩一・板東善平
  1966「資料紹介　京都市上賀茂の白瑠璃碗の破片」『古代学研究』44
森　浩一監修、東　潮・田中俊明編
  1988『韓国の古代遺跡1　新羅編』中央公論社
護　雅夫
  1970「フン・民族大移動・アッティラ」『漢とローマ』平凡社
護　雅夫編
  1970『漢とローマ』平凡社
弥栄町教育委員会
  1979『坂野』京都府弥栄町文化財調査報告第2集
安永周平
  2002「朝鮮半島における象嵌瑠璃珠・金層琉璃玉」『朝鮮古代研究第3号』
  2008「装飾付ガラス玉研究序論」『橿原考古学研究所論集』第15
山崎一雄
  1987『古文化財の科学』思文閣出版
山下信一郎
  2000「文献資料から見たガラスの生産と流通―典鋳司とその周辺―」『古代東アジア
    におけるガラスの生産と流通』レジメ、奈良国立文化財研究所
山田勝美
  1976『論衡（上）』新釈漢文大系68、明治書院
楊　衒之（入矢義高訳注）
  1990『洛陽伽藍記』東洋文庫517、平凡社
楊　伯達・中野　徹
  1996『中国美術全集10　工芸編金銀器・ガラス器・琺瑯器』京都書院
吉開将人
  1998「秦漢の玉器」『世界美術大全集　東洋編第2巻』小学館
  1998「南越王の文化世界―広州南越王墓」『世界美術大全集　東洋編第2巻』小学館
由水常雄
  1977『火の贈りもの』せりか書房

1983『ガラスの話』新潮選書、新潮社
　　　1992a「古代のガラス」『世界ガラス美術全集 1　古代・中世』求龍道
　　　1992b「中国・朝鮮の古代ガラス」『世界ガラス美術全集 4　中国・朝鮮』求龍道
　　　1992c「日本のガラス」『世界ガラス美術全集 5　日本』求龍道
　　　2003『新装版トンボ玉』平凡社
　　　2009『正倉院ガラスは何を語るか』中央公論新社
由水常雄編
　　　1992a『世界ガラス美術全集 1　古代・中世』求龍道
　　　1992b『世界ガラス美術全集 4　中国・朝鮮』求龍道
　　　1992c『世界ガラス美術全集 5　日本』求龍道
由水常雄・棚橋淳二
　　　1977『東洋の古代ガラス』三彩社
羅　宗真（中村圭爾他編訳）
　　　2005『古代江南の考古学』白帝社
李　仁淑
　　　1996「東西文化交流の観点から見た韓国の古代ガラス」『古代文化』第 48 巻 8 号
李　成市
　　　2002「新羅の国家形成と伽耶」『日本の時代史 2　倭国と東アジア』吉川弘文館
劉　昇雁・黄　一義
　　　1988「樺甸県横道河子墓」『中国の博物館 3　吉林省博物館』講談社
林　梅村（川上洋介・申英蘭訳）
　　　2005『シルクロードと古代文明　流沙の記憶をさぐる』NHK 出版
NHK 大阪放送局編
　　　1992『正倉院の故郷―中国の金・銀・ガラス―展』NHK 大阪放送局他

【中国語】
安　家瑶
　　　1984「中国的早期玻璃器皿」『考古学報』1984-4
　　　1986a「中国的早期（西漢―北宋）玻璃器皿」『中国古玻璃研究― 1984 年北京国際玻
　　　　璃学術討論会論文集』中国建築工業出版社
　　　1986b「北周李賢墓出土的玻璃碗」『考古』1986-2
　　　1993「中国古代玻璃与日本吉野里的玻璃管飾」『考古学中国考古学論叢』科学出版社
　　　2005「魏、晋、南北朝時期的玻璃技術」『中国古代玻璃技術的発展』上海科学技術出
　　　　版社
安徽省文物考古研究所他

　　　　2002「安徽潜山公山崗戦国墓発掘報告」『考古学報』2002-1
懐化地区文物工作隊他
　　　　1987「米家灘戦国楚墓発掘簡報」『湖南考古輯刊』第 4 集
河南南陽市文物考古研究所
　　　　2008「河南南陽市陳棚村 68 号漢墓」『考古』2008-10
河北省文化局文物工作隊
　　　　1966「河北定県出土北魏石函」『考古』1966-5
河北省文物研究所編
　　　　1996『䨐国――戦国中山国国王之墓』文物出版社
韓　建業
　　　　2005「新疆青銅時代―早期鉄器時代文化的分期和譜系」『新疆文物』2005-3
甘粛省文物工作隊
　　　　1966「甘粛省脛川県出土的唐代舎利石函」『文物』1966-3
関　善明
　　　　2001『中国古代玻璃』香港中文大学文物館
干　福熹
　　　　2005「中国古代玻璃的化学成分演変及制造技術的起源」『中国古代玻璃技術的発展』
　　　　　　上海科学技術出版社
干　福熹主編
　　　　1986『中国古玻璃研究―1984 年北京国際玻璃学術討論会論文集』中国建築工業出版
干　福熹・黄　振発
　　　　1986「中国古玻璃化学組成的演変（編后）」『中国古玻璃研究―1984 年北京国際玻璃
　　　　　　学術討論会論文集』中国建築工業出版
干　福熹等
　　　　2005『中国古代玻璃技術的発展』上海科学技術出版社
　　　　2010「湖北省出土戦国玻璃制品的科技分析与研究」『江漢考古』2010-2
魏　收撰
　　　　1997『魏書』二十四史 6、中華書局
丘　立誠
　　　　2006「合浦―歴史的選択」『海上絲綢之路研究』北海市人民政府他
建築材料研究院・精華大学・中国社会科学院考古研究所
　　　　1984「中国早期玻璃器検験報告」『考古学報』1984-4
黄　啓善
　　　　1986「広西漢代玻璃制品初探」『中国古玻璃研究―1984 年北京国際玻璃学術討論会論
　　　　　　文集』中国建築工業出版社

1988「広西古代玻璃制品的発現及其研究」『考古』1988-3
　　　1992「広西発現的漢代玻璃器」『文物』1992-9
　　　2005「中国南方和西南的古代玻璃技術」『中国古代玻璃技術的発展』上海科学技術出版社
　　　2006「広西漢代玻璃与海上絲綢之路」『海上絲綢之路研究』北海市人民政府他
高　至喜
　　　1985「論我国春秋戦国的玻璃器及有関問題」『文物』1985-12
　　　1986「湖南出土戦国玻璃璧和剣飾的研究」『中国古玻璃研究─1984年北京国際玻璃学術討論会論文集』中国建築工業出版社
高　至喜・熊　傅新
　　　1980「楚人在湖南的活動遺跡概述」『文物』1980-10
広州市文物管理委員会
　　　1996「広州市下塘獅帯崗晋墓発掘簡報」『考古』1996-1
広州市文物管理委員会他
　　　1991『西漢南越王墓』（中国田野考古報告集、考古学専刊丁種第43号）文物出版社
広州市文物管理委員会・広州博物館
　　　1981『廣州漢墓』（中国田野考古報告集、考古学専刊丁種第21号）文物出版社
黄　森章
　　　1986「広州漢墓中出土的玻璃器」『中国古玻璃研究─1984年北京国際玻璃学術討論会論文集』中国建築工業出版社
黄　振発
　　　2005a「中国古代玻璃的史料」『中国古代玻璃技術的発展』上海科学技術出版社
　　　2005b「隋、唐、宋時代的古代玻璃技術」『中国古代玻璃技術的発展』上海科学技術出版社
広西省文物管理委員会
　　　1957「広西貴県漢墓清理」『考古学報』1957-1
光復書局企業股份有限公司編輯
　　　1994『河北平山中山国王墓』文物出版社
呉　傅鈞編
　　　2006『海上絲綢之路研究』北海市人民政府他
后　徳俊
　　　1995『楚国的砿冶　漆和玻璃製造』湖北教育出版社
　　　2005「先秦和漢代的古代玻璃技術」『中国古代玻璃技術的発展』上海科学技術出版社
湖南省博物館
　　　1977「湖南韶山款灌区湘郷東周墓清里簡報」『文物』1977-3

　　　　1983「湖南資興旧市戦国墓」『考古学報』1983-1
湖南省博物館他
　　　　2000『長沙楚墓』文物出版社
湖北省荊州地区博物館
　　　　1985『江陵馬山一号楚墓』文物出版社
湖北省博物館他
　　　　1989『曾侯乙墓』文物出版社
湖北省文化局文物工作隊
　　　　1966「湖北江陵三座楚墓出土大批重要文物」『文物』1966-5
呉　銘生
　　　　1986「資興戦国墓出土琉璃器的探討」『湖南考古輯刊』第3集
崔　墨林
　　　　1976「河南輝県発現呉王夫差銅剣」『文物』1976-11
　　　　1981「「呉王夫差剣的考究」『中原文物』1981 特刊
山西省考古研究所他
　　　　1992「大同南郊北魏墓群発掘簡報」『文物』1992-8
　　　　1996『太原晋国趙卿墓』文物出版社
山東省文物考古研究所他
　　　　1982『曲阜魯国故城』済南・済魯出版
史　美光他
　　　　1986「一批中国古代鉛玻璃的研究」『中国古玻璃研究─1984年北京国際玻璃学術討論
　　　　　　会論文集』中国建築工業出版社
周　世栄
　　　　1988「湖南出土琉璃器的主要特点及其重要意義」『考古』1988-6
周　長源・張　福康
　　　　1991「対揚州宝女墩出土漢代玻璃衣片的研究」『文物』1991-10
徐州博物館
　　　　1988「徐州北洞山西漢墓発掘簡報」『文物』1988-2
徐州博物館・南京大学歴史学系考古専業
　　　　2003『徐州北洞山西漢楚王墓』文物出版社
新疆博物館他
　　　　1998「且末扎滾魯克一号墓地」『新疆文物』1998-4
新疆文物考古研究所
　　　　2001「新疆尉犁営盤墓地1995発掘報告」『新疆文物』2001-1～2
　　　　2002「新疆拝城県克孜尓吐尓墓地第一次発掘」『考古』2002-6

新疆楼蘭考古隊
　　1988「楼蘭古城址調査与試掘簡報」『文物』1988-7
西安市文物保護研究所
　　1997「西安財政干部培訓中心漢、後趙墓発掘簡報」『文博』1997-6
陝西省文物管理委員会
　　1959「西安郭家灘隋姫威墓清理簡報」『文物』1959-8
陝西省博物館他
　　1972「西安南郊何家村発現唐代窖蔵文物」『文物』1972-1
　　1974「唐李寿墓発掘簡報」『文物』1974-9
中国科学院考古研究所
　　1956『輝県発掘報告』（中国田野考古報告集第1号）科学出版社
　　1957『長沙発掘報告』（中国田野考古報告集考古学専刊丁種第2号）科学出版社
　　1966『西安郊区隋唐墓』（中国田野考古報告集考古学専刊丁種第18号）科学出版社
中国社会科学院考古研究所新疆工作隊他
　　1991「新疆輪台群巴克墓葬第二、三次発掘簡報」『考古』1991-8
中国社会科学院考古研究所他
　　1980『満城漢墓発掘報告』（中国田野考古報告集考古学専刊丁種第20号）文物出版社
張　季
　　1957「河北景県封氏墓群調査記」『考古通訊』1957-3
張　平
　　2005「中国北方和西北的古代玻璃技術」『中国古代玻璃技術的発展』上海科学技術出版社
鄭　洪春
　　1988「西安東郊隋舎利墓清理簡報」『考古与文物』1988-1
程　朱海・周　長源
　　1986「揚州西漢墓玻璃衣片的研究」『中国古玻璃研究―1984年北京国際玻璃学術討論会論文集』中国建築工業出版社
唐　金裕
　　1959「西安西郊隋李静訓墓発掘簡報」『考古』1959-9
南京市博物館
　　1972「南京象山5号、6号、7号墓清理簡報」『文物』1972-11
　　1983「南京北郊東晋墓発掘簡報」『考古』1983-4
　　2001「江蘇南京仙鶴観東晋墓」『文物』2001-3
南京市博物館他
　　1998「江蘇南京市富貴山六朝墓地」『考古』1998-8

南京大学歴史系考古組
  1973「南京大学北園東晋墓」『文物』1973-4
南京大学歴史系考古専業他編著
  2007『鄂城六朝墓』（中国田野考古報告集、考古学専刊丁種第76号）科学出版社
南京博物院
  1981「江蘇邗江甘泉二号漢墓」『文物』1981-11
寧夏回族自治区博物館他
  1985「寧夏固原北周李賢夫婦墓発掘簡報」『文物』1985-11
寧夏文物考古研究所他
  2008「寧夏固原市北塬東漢墓」『考古』2008-12
范　曄撰・李　賢等注
  1997『後漢書』二十四史3、中華書局
班　固撰・顔　師古注
  1997『漢書』二十四史2、中華書局
北京市文物工作隊
  1965「北京西郊西晋王浚妻華芳墓清理簡報」『文物』1965-12
法門寺考古隊
  1988「扶風法門寺唐代地営発掘簡報」『考古与文物』1988-2
茂陵文物保管所他
  1976「漢茂陵及其陪葬塚付近新発現的重要文物」『文物』1976-7
楊　式挺
  2006「略論合浦漢墓及其出土文物的特点」『海上絲綢之路研究』北海市人民政府他
揚州市博物館
  1980「揚州西漢"妾莫書"木槨墓」『文物』1980-12
揚州博物館
  1991「江蘇邗江県甘泉老虎墩漢墓」『文物』1991-10
揚州博物館・邗江県図書館
  1991「江蘇邗江楊寿郷宝女墩新莽墓」『文物』1991-10
楊　伯達
  1980「西周玻璃的初歩研究」『故宮博物院院刊』1980-2
洛陽市文物工作隊
  1999「洛陽市西工区C1M3943戦国墓」『文物』1999-8
羅　豊
  1996『固原南郊隋唐墓地』文物出版社
李　鑑昭・屠　思華

1958「南京石門坎郷六朝墓清理記」『考古通訊』1958-9
李　銀徳
　　　1990「徐州発現一批重要西漢玻璃器」『東南文化』1990-1・2
李　青会
　　　2005a「中国古代玻璃出土文物簡編」『中国古代玻璃技術的発展』上海科学技術出版社
　　　2005b「中国古代玻璃物品的化学成分匯編」『中国古代玻璃技術的発展』上海科学技術出版社
李　青会他
　　　2005「一批中国古代鑲嵌玻璃珠化学成分的検測報告」『江漢考古』2005-4
臨沂市博物館
　　　1984「臨沂金雀山周氏墓群発掘簡報」『文物』1984-11
黎　瑶渤
　　　1973「遼寧北票県西官営子北燕馮素弗墓」『文物』1973-3
連雲港市博物館
　　　1996「江蘇東海県尹湾漢墓群発掘簡報」『文物』1996-8
山崎一雄・室住正世
　　　1986「中国古代玻璃与日本弥生時代古墓中出土的玻璃之間的関係」『中国古玻璃研究―1984年北京国際玻璃学術討論会論文集』中国建築工業出版社

【韓国語】
安　春培
　　　1984『昌原三東洞甕棺墓』釜山女子大學博物館遺蹟調査報告第1輯、釜山女子大學博物館
韓国大学博物館協会
　　　1989「韓国古代ガラスの分析的研究（1）」『古文化』34号
韓国土地公社・韓国文化財保護財団
　　　1998『慶山林堂遺跡（Ⅰ～Ⅵ）』学術調査報告第5冊
慶星大學校博物館
　　　2000『金海亀旨路墳墓群』慶星大學校博物館研究叢書第3号
国立慶州博物館
　　　1997『国立慶州博物館図録』国立慶州博物館
　　　1990『慶州市月城路古墳群』国立慶州博物館
国立中央博物館
　　　1992『韓国の青銅器文化』汎友社
全羅北道長水郡・全北大學博物館

　　　　2000『南陽里発掘調査報告書』全北大學校博物館叢書17
池　健吉・趙　田典
　　　　1981『安渓里古墳群発掘調査報告書』韓国文化財管理局
趙　栄儕・朴　升圭
　　　　1993『陝川玉田古墳群』第4号、慶尚大学校博物館
鄭　在鑵
　　　　1975「慶州皇南洞味鄒王陵内旧道路面内廃古墳」韓国考古学年報2号
文化財管理局編
　　　　1985『皇南大塚Ⅰ北墳発掘調査報告書』韓国文化財管理局
　　　　1994a『皇南大塚Ⅱ南墳発掘調査報告書』韓国文化財管理局
　　　　1994b『皇南大塚Ⅲ南墳発掘調査報告書　考古学的総合考察』韓国文化財管理局
李　殷昌
　　　　1975『慶州地区古墳発掘調査報告書』嶺南大学博物館
李　健茂
　　　　1990「扶余合松里遺蹟出土一括遺物」考古學誌第2輯、韓國考古美術研究所
　　　　1991「唐津素素里遺蹟出土一括遺物」考古學誌第3輯、韓國考古美術研究所
李　仁淑
　　　　1987「韓国先史曲玉に関する小考」『三佛金元龍教授停年退任紀年論叢Ⅰ』考古学編
　　　　1989「韓國古代琉璃の分析的研究（Ⅰ）」『古文化』第34輯、韓國大學博物館協會
　　　　1993『韓國の古代琉璃— Ancient Glass in Korea—』図書出版創文
嶺南大學博物館他
　　　　1994『慶山林堂地域古墳群Ⅱ—造永EⅢ—8号墳外—』学術調査報告第19冊

【英語】

Brill, Robert H.
　　　1999 *Chemical Analyses Of Early Glasses*, The Corning Museum of Glass, New York
Brill, Robert H. (ed.)
　　　1991 *Scientific Research In Early Chinese Glass*, The Corning Museum of Glass, New York
Brill, Robert H., Barnes, I. Lynus & Joel, Emile C.
　　　1991 "Lead Isotope Studies of Early Chinese Glasses" *Scientific Research In Early Chinese Glass*, The Corning Museum of Glass, New York
　　　（【中文】1986「中国早期玻璃的鉛同位素研究」『中国古玻璃研究—1984年北京国際玻璃学術討論会論文集』中国建築工業出版社）
Brill, Robert H., Tong, Stephen S. C. & Dohrenwend, D.

1991 "Chemical Analyses of Some Early Chinese Glasses" *Scientific Research In Early Chinese Glass*, The Corning Museum of Glass, New York
　　（【中文】1986「一批早期中国玻璃的化学分析」『中国古玻璃研究—1984 年北京国際玻璃学術討論会論文集』中国建築工業出版社）

Dubin, L. S.
　　2009 *The History Of Beads*, ABRAMS, New York

Francis, P.
　　2002 *Asia's Marintime Bead Trade*, University of Hawai'i Press, Hawai

Langdon, S. & Harden, B.
　　1934 "Excavations At Kish And Barghuthiat 1933", *IRAQ Volume I*, British School Of Archaelogy In Iraq, London

図版出典一覧

序　章
- 図1　真道編 2005
- 図2　ノルテ 1985
- 図3　Dubin 2009
- 図4　由水 1992a
- 図5　由水 1992a
- 図6　由水 1992a
- 図7　大広編 2005
- 図8　大広編 2005
- 図9　由水 1992a
- 図10　王文清編 1994

第1章
- 図11　干福熹等 2005
- 図12　干福熹等 2005
- 図13　楊伯達・中野 1996
- 図14　関善明 2001
- 図15　楊伯達・中野 1996
- 図16　楊伯達・中野 1996
- 図17　谷一 1998
- 図18　NHK大阪放送局編 1992
- 図19　関善明 2001
- 図20　東京国立博物館・朝日新聞社編 2007
- 図21　干福熹等 2005
- 図22　由水 1992b
- 図23　湖南省博物館他 2000
- 図24　湖南省博物館他 2000
- 図25　1. 楊伯達・中野 1996
　　　　2. 湖南省博物館他 2000
　　　　3. 湖南省博物館他 2000
- 図26　干福熹等 2005

第2章
- 図27　関善明 2001
- 図28　楊伯達・中野 1996
- 図29　著者撮影（広西壮族自治区博物館所蔵）
- 図30　町田 2002
- 図31　河上 1991
- 図32　由水編 1992b
- 図33　谷一 1998
- 図34　干福熹等 2005
- 図35　干福熹等 2005
- 図36　楊伯達・中野 1996
- 図37　関善明 2001
- 図38　著者撮影（広西壮族自治区博物館所蔵）
- 図39　著者撮影（合浦県博物館所蔵）
- 図40　NHK大阪放送局編 1992（広西壮族自治区博物館所蔵）
- 図41　東京国立博物館・読売新聞社編 2010
- 図42　左：古代オリエント博物館他編 1991
　　　　右：平山郁夫シルクロード美術館他編 2007
- 図43　由水編 1992b
- 図44　大広編 2005

第 3 章

図 45　著者製作
図 46　著者製作
図 47　藤田 1994
図 48　著者撮影（佐賀県教育庁所蔵）
図 49　著者撮影（日田市教育庁所蔵）
図 50　由水編 1992c
図 51　由水編 1992c
図 52　著者撮影（1. 九州歴史資料館所蔵、2. 京丹後市教育委員会所蔵、3. 鳥取市教育委員会所蔵、4. 兵庫県立考古博物館所蔵）
図 53　左：著者撮影（鳥栖市教育委員会所蔵）
　　　右：春日市教育委員会編 1994
図 54　著者撮影（1〜3. 京丹後市教育委員会所蔵）
図 55　左：著者撮影（京都府立丹後郷土資料館所蔵）
　　　右：大阪府立弥生文化博物館 2002（京都府埋蔵文化財調査研究センター写真提供）
図 56　福岡県飯塚市立岩遺跡調査委員会編 1977
図 57　峰山町教育委員会 2004
図 58　豊岡市教育委員会 2003
図 59　著者撮影（国立扶余博物館所蔵）
図 60　1〜3・6. 李健茂 1990
　　　4・5. 李健茂 19991
　　　7・8. 全羅北道長水郡・全北大學博物館 2000
図 61　著者撮影（慶星大學校所蔵）
図 62　1〜4. 嶺南大學博物館他 1994
　　　5・6. 安春培 1984
　　　7. 慶星大學校博物館 2000

図 63　国立中央博物館編 1992
図 64　西谷 1982
図 65　著者撮影（京都府立丹後郷土資料館保管）
図 66　著者撮影（ハノイ歴史博物館所蔵）
図 67　著者撮影（広西壮族自治区博物館所蔵）
図 68　キー 2006

第 4 章

図 69　由水編 1992b
図 70　大広編 2005
図 71　由水編 1992b
図 72　左：大広編 2005
　　　右：由水編 1992b
図 73　大広編 2005
図 74　大広編 2005
図 75　高浜他 1992 掲載地図をもとに著者製作
図 76　大広編 2005
図 77　古代オリエント博物館他編 2009
図 78　古代オリエント博物館他編 2009
図 79　著者撮影（国立慶州博物館所蔵）
図 80　著者撮影（国立慶州博物館所蔵）
図 81　古代オリエント博物館他編 2009
図 82　古代オリエント博物館他編 2009
図 83　サントリー美術館編 1999
図 84　干福熹等 2005
図 85　サントリー美術館編 1999
図 86　由水編 1992c
図 87　由水編 1992c
　　　深井・高橋 1980
図 88　由水編 1992c
　　　深井・高橋 1980
図 89　著者撮影（まんのう町教育委員会

図版出典一覧　213

図 90　由水　2003
図 91　由水編　1992c
図 92　由水　2003（京都大学総合博物館所蔵）
図 93　橿原考古学研究所編　1977
図 94　町田　1997

第 5 章
図 95　大広編　2005
図 96　由水編　1992b
図 97　由水編　1992b
図 98　由水編　1992c
図 99　由水編　1992b
図 100　王文清編　1994
図 101　楊伯達・中野　1996
図 102　1. 楊伯達・中野　1996
　　　　2. 由水編　1992b
図 103　橿原考古学研究所付属博物館編　2010
図 104　東京国立博物館他　1998
図 105　著者撮影（国立慶州博物館所蔵）
図 106　奈良国立文化財研究所飛鳥資料館　2000
図 107　奈良国立文化財研究所飛鳥資料館　1988
図 108　由水編　1992c
図 109　由水編　1992c

おわりに

流沙の絶嶮なるを済(わた)り、葱嶺(パミール)の峻危たるを越ゆ。その由来疎遠なり。

——潘尼「琉璃碗賦」

　西晋の詩人潘尼は、西方で作られたガラス器がシルクロードを遠く旅するところを詠んだ。東アジアからは多くの古代ガラス器が出土している。古代においても、そして現代においても、それらガラス器が人々を惹きつけやまないのは、その美しさのみならず、背後に遠大な東西交渉の物語が垣間見えるからであろう。

　ガラス製品とその伝来・伝播における研究は、東西交渉史をひもとく上で欠かすことのできないものである。私も最初その魅力に惹かれ、研究を始めたのだが、古代東アジアのガラス製品を研究していくうちに、東アジア内における各国の交渉や、それぞれの国内社会の様相を、ガラス製品が鮮やかに映し出すことにもまた魅せられていった。これまでそういった方面の研究はあまり行われていなかったが、研究を進めるためにはガラス製品そのものだけでなく、その共伴遺物や出土状況など考古学的情報が重要であり、ガラスに対して美術史的ではなく考古学的アプローチがふさわしい分野でもある。

　本書は、古代東アジアのガラス製品とその出土状況から読み取れるさまざまな情報を検討することにより、東西交渉・東アジア各国交渉・東アジア各国内の社会状況など、古代東アジア社会の諸相に多角的に迫るという、これまでにない「古代ガラスから東アジア社会を考察する」研究書になったと思う。

　同成社の山脇洋亮社長から、ガラスで本を書かないかという非常に嬉しい依頼をいただいたのは、2008年の考古学協会の会場であった。出来上がった原

稿の内容から、急遽「ものが語る歴史」シリーズからの出版ということになったが、当初は「世界の考古学」シリーズの一冊という依頼であったので、時期も西周から唐代までと長く取り上げ、また概説的な部分も多くいれた。扱う時代が長いため参考資料も膨大となり、さらに博士論文との同時進行などで、予定より長い4年もの月日をかけてしまうこととなった。山脇氏とご担当編集者には長い間待っていただき、深く御礼申し上げる次第である。

また本書でとりあげた日本・中国・韓国・ベトナム各地におけるガラスの資料調査や文献調査の際に、多くの研究者・研究機関のご配慮をいただいた。個別に名を挙げて感謝を申し上げることは頁の都合上できないため、ここでお世話になった方々全員に心から感謝の意を表したい。

本書中においても、蜻蛉珠の詳細な伝播ルート、カリガラス製品のアジア社会への広がりとその社会的背景、新羅のガラス器の伝播ルートなど、まだまだ研究すべき問題が数多くある。このように古代のガラスと社会に関しては、研究すれば研究するほど興味が尽きない。今後も考古学的資料・文献のみならず、化学的分析・技術復元など多方面からアプローチを行い、「ガラスから古代社会をひもとく」研究を行っていきたい。

    2012年4月

小寺智津子

ものが語る歴史シリーズ㉗
ガラスが語る古代東アジア

■著者略歴■

小寺智津子（こてら　ちづこ）

1969年、愛知県生まれ。
1993年、東京大学文学部史学科西洋史専修課程卒業。三菱電機株式会社に勤めた後、1999年、東京大学文学部歴史文化学科考古学専修課程に学士入学。同課程卒業の後、2011年、同大学院人文社会系研究科考古学博士課程単位取得満期退学。
現在、国士舘大学21世紀アジア学部非常勤講師。
主な論著
「東方で眠りについたガラス〜朝鮮半島・日本の古墳より出土した西方のガラス器」『ガラスの博物誌』展示図録（中近東文化センター、2005年）、「弥生時代のガラス製品の分類とその副葬に見る意味」『古文化論叢』55（2006年）、「弥生時代併行期における朝鮮半島のガラス製品」『古代学研究』174（2006年）、「弥生時代の副葬に見られる玉類の呪的使用とその背景」『死生学研究』（2006年秋号）、「弥生時代のガラス釧とその副葬」『東京大学考古学研究室研究紀要』24（2010年）

2012年6月1日発行

著　者　小　寺　智津子
発行者　山　脇　洋　亮
印　刷　藤原印刷㈱
製　本　協栄製本㈱

発行所　東京都千代田区飯田橋4-4-8
　　　　（〒102-0072）東京中央ビル　　㈱同成社
　　　　TEL 03-3239-1467　振替 00140-0-20618

©Kotera Chizuko 2012. Printed in Japan
ISBN 978-4-88621-604-5 C3322

ものが語る歴史・既刊

①楽器の考古学
山田光洋著

A5 256頁 4410円（本体4200円）

いままでに日本列島から出土した楽器もしくは楽器と推定される遺物など、音楽文化関係の出土情報を蒐集・分析し、「音楽考古学」という新たな視点からこれらを整理し、その体系化を試みる。

②ガラスの考古学
谷一尚著

A5 210頁 3885円（本体3700円）

ガラスの起源から説きおこし、様々に発達をとげながら世界に広まっていったガラスを考古学的に追求し、分かりやすく分類・解説する。さらに日本の古墳や正倉院のガラスの由来などにも迫る。

③方形周溝墓の再発見
福田聖著

A5 210頁 5040円（本体4800円）

弥生時代の代表的な墓制とされている方形周溝墓を、数々の研究史をふまえ、自明とされたことをあらためて問い直し、これら一連の墓群の存在がどのような社会的意味をもっていたのかを探る。

④遮光器土偶と縄文社会
金子昭彦著

A5 266頁 4725円（本体4500円）

縄文社会のなかで遮光器土偶はいかなる存在だったか。何のために作られたのか。考古学的事実のうえに立ち、遮光器土偶の用途について「想念」をめぐらし、縄文人のメンタリティーに迫る。

⑤黒潮の考古学
橋口尚武著

A5 282頁 5040円（本体4800円）

黒潮に洗われる伊豆諸島には、古くから特色ある文化が根づいている。それらの文化の諸相を縄文時代から中世にかけて追求し、太平洋沿岸の文化交流の実体解明に迫る。

⑥人物はにわの世界
稲村繁（文）・森昭（写真）著

A5 226頁 5250円（本体5000円）

人物埴輪に見出したロマンを独特な黒の空間に描き出した森昭の作品群と、それに触発され埴輪の語る世界を読みとるべく筆を起こした稲村繁。本書はその両者をもって古代史を紬ぎ出している。

⑦オホーツクの考古学
前田潮著

A5 234頁 5250円（本体5000円）

オホーツク海をめぐる地域に展開したいくつかの古代文化の様相をめぐって、筆者自らの調査の結果をふまえ、また日露の研究者の幾多の文献を渉猟し、研究に新たな展望を開く。関係者必見の書。

⑧井戸の考古学
鐘方正樹著

A5 210頁 3885円（本体3700円）

制作時からすでに土中にある井戸は考古学の宝庫であり、過去と現在をつなぐタイムトンネルともいえよう。本書では建築技術・構造的視角から分析、東アジア的広がりの中でその展開を追究する。

⑨クマとフクロウのイオマンテ─アイヌの民族考古学─
宇田川洋編

A5 248頁 5040円（本体4800円）

北海道東部に残された「イオマンテ」とよばれるクマの魂を送った場所を考古学的に調査し、古老への聴取り調査もふまえ儀礼の全容を明らかにする。民族考古学の先駆けとなった研究成果を提示する。

=ものが語る歴史・既刊=

⑩ヤコウガイの考古学
髙梨修著

ヤコウガイの供給地域はほとんど未詳とされてきたが、近年奄美大島から大量に出土し注目されている。本書は、古代〜中世の琉球弧の交易史を、ヤコウガイによって明らかにしようとする。

A5 302頁 5040円(本体4800円)

⑪食の民俗考古学
橋口尚武著

縄文時代や弥生時代に育まれ、その後も日常生活のなかで改良されながら発展的に継承されてきた生活技術や食習慣を描き出すことで、日本文化の「原風景」に迫る。

A5 222頁 3990円(本体3800円)

⑫石垣が語る江戸城
野中和夫編

日本最大級の城郭である江戸城。現存する膨大な石垣群に焦点をあてて、考古資料と文献等を手がかりにしつつ、詳細に分析。様々な表情を見せる江戸城の姿を多くの写真とともに描き出す。

A5 394頁 7350円(本体7000円)

⑬アイヌのクマ送りの世界
木村英明・本田優子編

アイヌのアイデンティティーを最もよく示すと言われ儀礼のなかで最高位に位置づけられる「クマ送り儀礼」。民族誌と考古学の両面からクマ送りの実際や起源を検証し、その今日的意味を探る。

A5 242頁 3990円(本体3800円)

⑭考古学が語る日本の近現代
小川望・小林克・両角まり編

出土遺物や遺構は文字や映像資料では知り得ないことをしばしば雄弁に物語る。筆者らは、近年盛んになった明治期以降を対象とする考古学研究を駆使しつつ、新たな視点からの近現代史を探る。

A5 282頁 4725円(本体4500円)

⑮古代馬具からみた韓半島と日本
張允禎著

古代韓半島と日本の馬具技術や特徴を詳細に分析し、馬具技術の伝播や製作集団の動向を総合的に検討することにより、両地域間交流の様相と社会変容を探り、地域間格差やその特徴等にも言及。

A5 226頁 3990円(本体3800円)

⑯壺屋焼が語る琉球外史
小田静夫著

沖縄を発し、東京八丈島や南方の島々でも発見される壺屋焼を追って、泡盛の歴史的な展開やその背景、さらには知られざる沖縄の漁業・農業移民の壮大な軌跡を探る。第36回伊波普猷賞受賞作品。

A5 258頁 4725円(本体4500円)

⑰古代日本海の漁撈民
内田律雄著

古代出雲地方を中心とする日本海の沿岸漁撈がどのように営まれたか、考古資料や文献史料、民俗資料を駆使し漁具の復元なども試みて、その実態に迫る。

A5 290頁 5040円(本体4800円)

⑱石器づくりの考古学—実験考古学と縄文時代のはじまり—
長井謙治著

気鋭の若手研究者が十年間にわたり石器—特に有舌尖頭器の復元製作に取り組み、モノと人の行動をつなぐ補助的な情報を可能な限り拾い集め、石器と対話することにより縄文開始期を捉え直す。

A5 258頁 4830円(本体4600円)

═══ ものが語る歴史・既刊 ═══

⑲民族考古学と縄文の耳飾り
高山純著

A5　290頁　6090円（本体5800円）

縄文時代の耳栓は土製耳飾りから派生した一変種であり、南方や大陸から流入したものではないという持論を精緻に論証しつつ、さらに広く民族学資料を渉猟し、縄文人の生態の一側面を描き出す。

⑳縄文の漆
岡村道雄著

A5　186頁　3990円（本体3800円）

縄文文化を代表する特色の一つである漆。その植生や起源、製作技法、形態分類、特色などについて、考古学的見地から具体的な資料を示し、現在の学際的研究の成果を踏まえながら追究する。

㉑古代蝦夷社会の成立
八木光則著

A5　298頁　6300円（本体6000円）

古代の道南・東北において、律令国家との接触過程で蝦夷の社会が変容し、形成されていく過程について、文献史料も援用しつつ、考古資料を精緻に分析することから冷徹に描き出そうと試みる。

㉒貝の考古学
忍澤成視著

A5　442頁　7350円（本体7000円）

縄文時代、主に装身具などの素材に利用された貝について、その考古学的、生物学的な分析をもとに、当時の習俗や社会形態、交易ルートや、もう一つの「貝の道」などについて考察する。

㉓アイヌの民族考古学
手塚薫著

A5　242頁　5040円（本体4800円）

アイヌの狩猟採集や家畜飼養、儀礼、交易、疾病など幅広い属性を通時的に分析しつつ、国家との関係、他民族との異同にも触れつつ、その文化の特徴と変容の過程を明らかにする。

㉔旧石器社会と日本民俗の基層
田村隆著

A5　278頁　5775円（本体5500円）

石器に込められた豊穣なメッセージを読み解く過程で、伝統的な形式分類学では捉えられない旧石器社会の諸特質を描くとともに、旧石器・縄文の画期を見出し、日本民俗の全体性を透視する。

㉕蝦夷とは誰か
松本建速著

A5　314頁　5985円（本体5700円）

古代東北にはやまと言葉と異なる言語を話す人々が住んでいたという。著者はこの議論に考古学の立場から迫り、民俗学や文献史学と、言語学・形質人類学をも援用して決定的な結論を得た。

㉖箸の考古学
高倉洋彰著

A5　154頁　3150円（本体3000円）

中国に起源をもつ箸文化は東アジア周辺諸国にどのように伝来したのか。箸の材質や形状、使用法などに着目し、膨大な資料を駆使して精緻に考察。その豊かな文化の全貌を明らかにする。